ISBN: 9781790585762

Psicología Educativa

Fundamentos, estudios y métodos

Miguel D'Addario · PhD

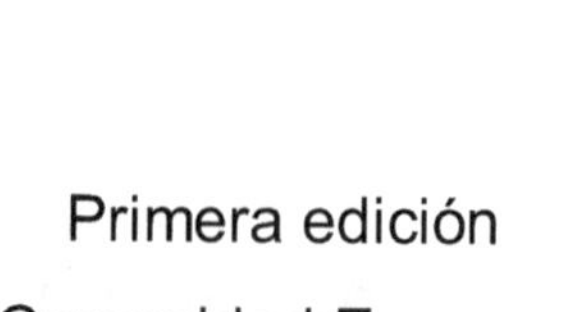

Primera edición

Comunidad Europea

2019

Índice

Autor - *13*

Introducción - *15*
Objetivos
General
Específicos

Psicología y educación - *18*
Pedagogía
Andragogía
Breve comparación entre Pedagogía y Andragogía
Sugerencias

Psicología. Conceptos y análisis - *26*
Introducción
Psicología cognitiva
Principales enfoques en el estudio del pensamiento
Introspeccionismo **- 32**
Psicología individual
¿Cómo se estudian los sentimientos?
Psicología social **- 34**
¿Cómo se define el pensamiento?
Conductismo y Neoconductismo
Conductismo **- 38**
Neoconductismo
Gestalt
Psicometría **- 44**
Enfoque cognitivo
Externos
Teoría general de sistemas **- 48**

Autor

Miguel D'Addario es italiano, nació en Buenos Aires.

Licenciado en Periodismo, Máster en Sociología y Doctorado en Comunicación Social por la Universidad Complutense de Madrid. Ha desarrollado su experiencia en diversos campos de la docencia, desde la Formación Profesional hasta el nivel Universitario, tanto en Iberoamérica como en Europa.

Sus libros se encuentran en diferentes centros de estudios y bibliotecas del mundo, como por ejemplo la Universidad San Pablo de Perú, Universidad de Santo Domingo la República Dominicana, Universidad de San Gregorio de Ecuador, Universitat de Valencia, Biblioteca Nacional de España, Biblioteca Nacional de Argentina, Universidad de Texas, Universidad Complutense de Madrid, Universidad de Toronto, Canadá, Universidad de Deusto, Universidad Nacional Autónoma de México, Universidad Nacional Mayor de San Marcos (Perú), Universidad de Illinois, Universidad de Kansas, Bibliotecas de la Comunidad de Madrid, Castilla y león, Andalucía, y País Vasco, Biblioteca Nacional Británica, Universidad de Harvard, Biblioteca del Congreso de los Estados Unidos. PhD y ensayista, ha recibido premios y menciones de Asociaciones de escritores, Centros Culturales, Universidades, y sedes afines. Igualmente, como Ponente, Conferenciante e Investigador, en Universidades, Centros educacionales, públicos y privados. Autor de libros artísticos: Poesía, Cuento y Relatos. Autor de libros educativos, de variados niveles y temarios.

Autor de libros de filosofía, ontología y metafísica. Autor de libros de Autoayuda y Coaching. Sus libros están distribuidos en los cinco Continentes, son de consulta asidua en Bibliotecas del mundo, y se encuentran inscritos en los catálogos, ISBNs y bases bibliográficas Internacionales.

Son traducidos a múltiples idiomas y pueden encontrarse en los bookstores internacionales, tanto en formato papel como en versión electrónica.

Webs donde conocer y/o adquirir otras obras del autor:

http://migueldaddariobooks.blogspot.com

Introducción

Dentro de las teorías y corrientes educativas, existen varios términos que definen la función y la utilización de distintos métodos en la educación. Cada uno de los métodos que se ha intentado introducir en el sistema educativo, tienen como único objetivo apoyar directamente en los procesos de enseñanza y de aprendizaje que se dan entre el docente y el discente. No es necesaria una observación muy exhaustiva para poder darse cuenta de las diferencias entre los distintos tipos de educandos y sobre todo cuando se habla de las capacidades y características que distinguen a los niños como educandos y en el mismo plano a los adultos. Cada uno de ellos está sujeto a diversas circunstancias, posibilidades y aptitudes, así como a las necesidades que se presentan en cada uno de ellos. De eso podemos tomar la idea de que cada uno necesita sin dudar, diferentes maneras de aprendizaje y los procesos, técnicas y herramientas que ayudarán en cada situación en particular.

Este ensayo trata de establecer un pequeño cuadro comparativo sobre los términos Pedagogía y

Andragogía, y de sus fundamentos y evidentes diferencias que hacen de cada una, aplicables y más que necesarias para lograr un correcto aprendizaje ya sea en niños o en adultos, según sea el caso, tratando de proveer al educando del mejor proceso educativo, que le brindará mayores oportunidades y abrirá las puertas de una mejor educación, que al final le dará un estilo de vida de mayor calidad y conocimientos que definitivamente cambiarán su percepción del mundo y su desenvolvimiento en él.

Objetivos

General

-Analizar las diferencias existentes entre la Pedagogía y la Andragogía, en la educación actual, así como establecer las características de cada una de ellas.

Específicos

-Identificar las características esenciales de las ciencias llamadas Pedagogía y Andragogía, así como sus principios y orígenes, entendiendo su importancia y aplicación en la educación en el momento en que nos desarrollamos en la actualidad.

-Comparar las características fundamentales existentes entre la Pedagogía, aplicable a los niños y adolescentes en la educación y su similar llamada Andragogía, siendo esta aplicable a las personas en edad adulta. Ambos con necesidades de aprender, pero con peculiaridades diferentes.

Psicología y educación

Desde tiempos muy antiguos, se ha tenido la necesidad de aprender y de enseñar, de manera innata el ser humano, ha buscado las oportunidades para incrementar sus conocimientos de multitud de áreas y temas. De tal manera que a lo largo de la historia se han levantado distintos pensadores, diferentes autores que con sus propios sistemas de aprendizaje y de expresión de sus conocimientos, fueron definiendo el término de Pedagogía y sus formas, características y procesos, que de una u otra manera intentaron en su momento, brindar a las personas la oportunidad de crecer intelectualmente y explotar los conocimientos que adquirían constantemente. Sócrates dijo "yo solo sé que no sé nada; pero procuro saber un poco más", con esto él inició un proceso educativo al cual llamo Mayéutica, el cual de forma inductiva intentaba generar en los hombres la necesidad por descubrir un mayor conocimiento por medio de resolver problemas que planteaba en forma de preguntas. Todo esto empezó a generar lo que hoy conocemos como pedagogía y sus componentes, que dan forma a todo el proceso educativo que es necesario para el aprendizaje.

Pedagogía

Durante un período de tiempo de aproximadamente de ocho años, se da la primera etapa educativa de una persona, durante este lapso de tiempo se adquieren muchas habilidades y destrezas que a temprana edad no se poseen.

Elio Cuiza argumenta que "La pedagogía es la disciplina que organiza el proceso educativo de toda persona, en los aspectos psicológico, físico e intelectual, tomando en cuenta los aspectos culturales de la sociedad en general".

Este concepto nos aclara que la pedagogía no solo es una disciplina bien estudiada a lo largo del tiempo, sino que es un proceso que procura la educación de una persona, pero llama poderosamente la atención que toma en cuenta los aspectos que conforman claramente al ser humano y los toma como principio para establecer un proceso adecuado de aprendizaje. Menciona el área psicológica, que sin duda alguna es fundamental en el desarrollo mental de una persona, así como toma en cuenta también el aspecto físico, el cual es fundamental en el aprendizaje y por último hace mención del aspecto intelectual, sin el que no sería posible llevar a cabo un proceso de enseñanza-aprendizaje, pues sin él se limitaría cualquier tipo de intención de transmitir conocimientos, desde el lado del educador, así como adquirir dichos conocimientos desde la perspectiva del educando, llamado también discente.

Se ha establecido que la pedagogía está basada y enfocada en las necesidades educativas que tienen los niños a edades tempranas, incluso llegando a la adolescencia e incluso a una edad pre-adulta y por ello es que la pedagogía ha definido variedades de procedimientos, herramientas y actividades, que tienen con fundamento imperativo, lograr llevar a los estudiantes hacia una ampliación de los conocimientos, que dicho sea de paso, van sumando mayores complejidades y temas, a medida en que avanza el tiempo, la edad y las necesidades del niño.

Andragogía

Ernesto Yturralde dijo: "Andragogía es al adulto, como Pedagogía al niño."

Sin embargo existen muy marcadas diferencias entre y una y otra, ya que los niños suelen ser expuestos a un sistema educativo en el cual, son ellos el sujeto pasivo de la educación y transmisión de conocimientos, mientras que en el caso de las personas adultas, son ellas quienes buscan de manera muy activa, adquirir los conocimientos que de manera muy consciente saben les aportarán factores que apoyarán a su desarrollo profesional y en consecuencia su estilo de vida se verá afectado de forma positiva.

Uno de los factores más decisivos en el aprendizaje de un adulto, es que ellos están predispuestos a los conocimientos de temáticas que consideran los pueden beneficiar en cualquier área en la cual se desenvuelvan, ya sea esta académica, laboral, profesión y otras, dando lugar a la superación personal e incluso familiar que envuelve a cada adulto en particular.

La importancia de la Andragogía radica en que las necesidades de aprendizaje de un adulto son muy distintas a las de un niño, ya que el adulto está inmerso en una serie de factores llamados responsabilidades, que limitan en gran parte el tiempo y los recursos que tienen para poder estudiar y prepararse académicamente, sin embargo, es muy interesante analizar que estos mismos factores, son los que impulsan con gran fuerza el esmero y la dedicación que un adulto pone en su propia preparación y adquisición de conocimientos nuevos, que le preparen para afrontar con mejores herramientas su trabajo y las circunstancias que atraviesa por las responsabilidades que ha adquirido en algún momento de su vida.

Para un adulto es complicado estudiar, ya que debe lidiar con una serie de situaciones como los deberes laborales, que absorben gran parte de su tiempo y sus energías, así como sus deberes familiares que no pueden ser dejados de lado, los cuales también requieres de mucha atención de su parte, restando solamente una pequeña porción de tiempo, energías y recursos, los cuales sabe muy bien, deben ser aprovechados al máximo para que lo poco que puede invertir en su crecimiento intelectual logre satisfacer sus necesidades y sus deseos de superación.

Es ahí donde la Andragogía juega un papel determinante en la preparación de un adulto, ya que ella brinda las herramientas y métodos adecuados, para ayudar a fortalecer sus habilidades cognitivas y su aprendizaje se pueda dar de manera efectiva y progresiva sin importar los obstáculos y situaciones que tenga que atravesar.

Breve comparación entre Pedagogía y Andragogía
José Oñate hace la siguiente diferenciación: "La pedagogía es para menores de edad. No pueden tomar sus propias decisiones. Deben aceptar obligatoriamente la enseñanza conductista aplicada. La mayoría no se sienten cómodos. Solo se aprende lo que el profesor le permite conocer. Lo negativo se castiga. Se amenaza a los alumnos si no obedecen órdenes.". Mientras que sobre la Andragogía dice lo siguiente: "La Andragogía es para mayores de edad. Pueden tomar sus propias decisiones. No aceptan

obligatoriamente las enseñanzas impartidas. La pueden cuestionar y mejorar. La mayoría se siente cómodo. La mayor parte de sus conocimientos vienen de la investigación. No se castiga lo negativo, se reflexiona y se utiliza como un medio de aprendizaje. No se amenaza a ningún estudiante."

Todo lo anterior es en definitiva parte de las diferencias fundamentales existentes entre el aprendizaje o los modelos educativos para niños y para adultos. Cada uno presenta necesidades y características muy distintas, sus posibilidades son diferentes y su posición frente al aprendizaje es distinto. Mientras que para un niño la educación es obligatoria, para un adulto la educación es una necesidad. Los niños tienden a menospreciar el conocimiento, por lo contrario, los adultos ven la importancia de educarse y adquirir nuevos conocimientos y destrezas.

Sugerencias

-Implementar en los ciclos de enseñanza en las facultades de educación de las universidades, cursos con mayor énfasis en la preparación

Andragógica, ya que se hace mucho mayor énfasis en los principios pedagógicos, dejando únicamente un pequeño espacio para el conocimiento de técnicas que sirvan en la educación del adulto, así como en la del niño.

-Tratar con mayor detenimiento las teorías pedagógicas que son de suma importancia en la educación de los niños, con sus diferencias y elementos sociales evolutivos que cambian la manera antigua de aplicar la pedagogía.

-Crear un formato educativo en el cual se contemple el aprendizaje y tratamiento de los temas relacionados tanto a la Pedagogía, así como a la Andragogía, dando una mejor experiencia en los procesos educativos que cada una de ellas conlleva.

Psicología. Conceptos y análisis

Introducción

El pensamiento es un concepto amplio y está relacionado con muchos aspectos del ser humano. Se hace muy complicado responder con una definición: *¿Qué es el pensamiento?*

Hay autores que dicen que el pensamiento es casi toda la Psicología. Otros que lo delimitan a ciertos aspectos del intelecto humano.

En realidad, el pensamiento humano se ha estudiado tanto desde dentro como desde fuera de la psicología, por diferentes enfoques. Dentro de la psicología, las coordenadas actuales en las que se estudia el pensamiento es la psicología cognitiva y el paradigma del procesamiento de información. Así mismo, la metodología utilizada para su estudio fue de carácter experimental.

Psicología cognitiva

El estudio del pensamiento humano ha comenzado antes de que surgiese el paradigma de la psicología cognitiva. Pero incluso cuando surge el paradigma cognitivo, el estudio del pensamiento queda relegado a un segundo plano.

La psicología cognitiva nace en 1957 con la teoría de Miller sobre la capacidad de procesamiento de información que tiene el ser humano, una capacidad que es limitada.

Sin embargo, Miller dice que, aunque esa capacidad es limitada, el ser humano tiene mecanismos que permiten recodificar la información superando esa limitación.

Los primeros manuales de la psicología cognitiva no incluyen temas relacionados con el pensamiento. Habrá que esperar unos años a que se incluya el pensamiento por primera vez dentro de este paradigma.

Con el paso de los años, empieza a incrementarse el estudio del pensamiento y surge el primer manual en España de psicología cognitiva en el que se incluye un capítulo dedicado al estudio del pensamiento.

La psicología cognitiva en su primera etapa trataba de responder a cuestiones como:

¿Cómo recibe la información el sujeto? (cuestiones referidas a la percepción).

¿Cómo selecciona el sujeto la información? (cuestiones referidas a la atención).

¿Cómo se recupera esa información? (Cuestiones referidas a la memoria).

La recuperación de la memoria puede tener dos tipos de formatos:

-Analógico (en imágenes mentales).

-Analítico (abstracto. Proposiciones, por ejemplo).

Cuando se habla de conocimientos se habla también de dos tipos:

-Declarativo (¿Qué?).

-Procedimental (¿Cómo?).

Surge una polémica:

¿El pensamiento lleva pareja una imagen o pensamos sin imágenes?

¿Qué definiciones se han dado a lo largo de la historia de lo que es el pensamiento?

-Ryle: El pensamiento es polimorfo, puede adoptar diferentes formas. Según Ryle el pensamiento es un proceso múltiple que se puede manifestar de diferentes formas y como tal, incluye diferentes procesos cuyos límites pueden ser difusos.

-Gilhooly: Dice que, en realidad, el pensamiento es un potpurrí de tópicos aislados, tales como razonamiento deductivo, solución de problemas, aprendizaje de conceptos, procesos creativos, etc.

-Holyoak y Spellman: El pensamiento es considerado como un término sombrilla para explicar un rango de procesos asociados con la cognición de alto nivel como razonamiento, categorización, juicio y toma de decisiones.

-De Vega: el pensamiento implica una actividad del sistema cognitivo, con intervención de los mecanismos de memoria, atención, las representaciones o los procesos de comprensión, pero no es reductible a estos. Se trata de un proceso mental de alto nivel que se asienta en procesos más básicos pero que incluye elementos funcionales adicionales, como las estrategias, reglas y heurísticos.

-Dominowsky y Bourne (1994): las dos principales preocupaciones de la moderna psicología-a del pensamiento son, por lo tanto, la computación y la representación.

-Modelo Pluridimensional de la conducta de pensar (Mayor, 1985): define las variables y van a definir la conducta de pensar del sujeto:

-Actividad del sujeto.

-Sistema de reglas: esquemas, heurísticos.

-Contexto en el que se desarrolla la conducta de pensar.

-Resultado o producto final de la conducta de pensar; razonamiento, la solución a los problemas.

Trata de analizar las principales definiciones que se han dado al pensamiento humano.

Dice que la psicología ha dado tres tipos de definiciones a lo largo de la historia.

-Pensamiento como respuesta: definiciones aportadas desde la psicología conductista.

-Pensamiento como estructura: definiciones aportadas desde la Gestalt y también por parte de Piaget.

-Pensamiento como proceso: definiciones aportadas por parte de la psicología cognitiva.

Principales enfoques en el estudio del pensamiento

El pensamiento se ha estudiado desde la filosofía, la antropología, historia y también desde la psicología. Desde dentro de la psicología también se ha estudiado desde diferentes disciplinas sin ser la psicología del pensamiento; psicología evolutiva (desarrollo cognitivo), psicopatología (pensamientos distorsionados), psicología social (juicios y actitudes), etc.

¿Cómo se ha abordado a lo largo de la historia es estudio del pensamiento humano por parte de las diferentes escuelas y paradigmas de la psicología? Nos centraremos básicamente en cinco enfoques diferentes.

Introspeccionismo

Nace con Wundt (1879) y su psicología individual y la psicología de los pueblos o psicología social.

Psicología individual

Su objeto de estudio era la experiencia consciente; el estudio de las sensaciones, las emociones.

¿Cómo se estudian los sentimientos?

A través de la introspección experimental; que los sujetos dijesen lo que un determinado sentimiento significaba para ellos.

Dentro de esta psicología individual Wundt habla de una "apercepción de ideas"; ideas que entran en el foco de atención de los sujetos.

Esta apercepción era la base de los procesos mentales superiores y, por tanto, también del pensamiento.

El pensamiento para Wundt empieza con las impresiones sensoriales hasta llegar a la idea general.

Lo que ocurre es que solo se puede estudiar experimental esas impresiones sensoriales.

Sin embargo, el pensamiento no puede ser estudiado experimentalmente por dos motivos principales:

-Para que una observación sea precisa el objeto observado tiene que ser independiente del observador.

-El pensamiento es un proceso muy complejo y carece de la estabilidad necesaria para ser analizado experimentalmente.

Por lo tanto, el estudio del pensamiento quedaba fuera del laboratorio de Wundt, pero no fuera de su psicología.

Psicología social

Su objeto de estudio es todas las formas de vida social, las producciones del espíritu. Esto se refiere al arte, costumbres, mitos, lenguaje y también el pensamiento.

¿Cómo podemos estudiar esto?

Solo se puede utilizar como metodología la simple observación.

Todavía hay debate acerca de si los sujetos tienen acceso a sus propios mecanismos del pensamiento para poder informar al experimentador sobre esos mecanismos. Para ello Wundt hablará de los "protocolos de pensamiento en voz alta" que algunos autores lo dan por válido (como Ericsson y Simon-

1980, 1984) y otros no (como Nisbelt y Wilson-1977). Esos protocolos de pensamiento en voz alta tienen dos vertientes; una a favor de esta metodología subjetiva que aportan los sujetos y otra en contra.

Otra polémica surgida a raíz de la teoría de Wundt proviene de dos de sus discípulos; uno fundador del Estructuralismo (Titchner) y otro fundador de la Escuela de Wuzburgo. Titchner planteaba que todo puede ser reducido a un conjunto de sensaciones fundamentales y el objeto de la psicología deberá ser el estudio de esas sensaciones.

Para Titchner el pensamiento se basa en una serie de imágenes que a su vez se pueden descomponer en una serie de sensaciones elementales.

Por lo tanto, para Titchner, las imágenes acompañan siempre a los procesos de pensamiento.

Se plantea la perspectiva de que el pensamiento no tiene que llevar asociado una imagen y, en ocasiones, tiene lugar, aunque no tengamos conciencia de ello.

¿Cómo se define el pensamiento?

El pensamiento es un proceso mental abstracto, general, que puede ser estudiado al margen de elementos concretos como son las imágenes.

También se usan para estudiar el pensamiento y la introspección experimental.

La principal crítica a la Escuela de Wuzburgo es que por una parte se plantea que el pensamiento no tiene por qué ser consciente y, por otra parte, se utiliza la introspección experimental para estudiar el pensamiento.

La crítica que se les plantea a la escuela de Wuzburgo es que plantea que el pensamiento puede ser un proceso no consciente, pero, sin embargo, utiliza como metodología la introspección experimental.

A pesar de esta crítica, fueron los que marcaron el punto de partida para el estudio experimental del pensamiento, además, no trata el pensamiento como una mera asociación de ideas, sino como un proceso directivo en el que prima la voluntad del sujeto, la disposición. Los objetivos de la tarea están de alguna forma modulando el proceso y el resultado mental.

La escuela de Wuzburgo supuso un paso intermedio entre la psicología de Wundt hacia el Funcionalismo. A partir del Funcionalismo se reformula la psicología del pensamiento.

Para el Funcionalismo, el pensamiento es el esfuerzo que hace un sujeto para poder sobrevivir a situaciones prácticas de la vida cotidiana y que le permite adaptarse al medio.

Un estudio de los funcionalistas dedicado al pensamiento es de John D. este autor defendió la necesidad de desarrollar un pensamiento reflexivo y crítico y así deberíamos ser los sujetos cuando nos enfrentamos a un problema: pensamiento que se debe desarrollar desde la escuela; aprender es aprender a pensar.

Conductismo y Neoconductismo

Poco a poco queda relegado el estudio del pensamiento, se deja a un lado el mentalismo.

La psicología pasa a ser cada vez más pragmática. Entramos entonces en dos movimientos diferentes. Uno de ellos es el conductismo, que se desarrollará en EE. UU.; y el otro es la Gestalt, que surge en Alemania.

Ambos movimientos critican los planteamientos de estructuralistas y de funcionalistas de las épocas anteriores.

La principal diferencia entre ambos se resume en dos puntos:

-Raíces filosóficas:

El Conductismo se basa en el empirismo, mientras que la Gestalt se centra en el racionalismo.

-Concepción del pensamiento:

Para el Conductismo el pensamiento es una respuesta motora, mientras que para la Gestalt el pensamiento era una estructura.

Conductismo

Thorndike fue un antecedente directo de Watson, fundador del Conductismo. Fue un autor conexionista porque para él, el aprendizaje se basaba en conexiones entre estímulos, respuestas y reforzadores. Thorndike elaboró la primera teoría del aprendizaje basada en el condicionamiento instrumental y también una serie de leyes de la conducta, entre las que destaca la ley del efecto.

Kãhler criticó a Thorndike porque según él, sus experimentos carecían de validez ecológica. Thorndike, Kãhler y Pavlov serán tres pautas importantes para la psicología conductista, la cual surgirá con Watson en 1913. Watson rechaza toda la psicología introspeccionista y mentalista; y plantea una psicología más práctica, una psicología centrada en el estudio de la conducta.

Watson quería estudiar la conducta para poder predecirla y llegar a controlarla. Los temas en los que se centró fueron el aprendizaje y el condicionamiento.

El pensamiento no merecía ser estudiado porque tanto el pensamiento como el lenguaje eran hábitos del sistema nervioso periférico: el pensamiento es una respuesta motora del mecanismo vocal que se basa en pequeños movimientos musculares de la laringe.

Neoconductismo

Incluye una serie de variables intermedias relacionadas con el organismo entre estímulos y respuestas, pero en cualquier caso poco aporta al estudio del pensamiento porque se continúa hablando en términos de estímulo-respuesta.

Además de Watson, para el cual el pensamiento era una respuesta periférica, Hebb también habló del pensamiento como una respuesta, pero una respuesta del sistema nervioso central.

Hebb describe el pensamiento a partir de su base neurológica; el pensamiento se reducirá una asamblea de células que se organizan en secuencias más o menos complejas.

Cuando esta asamblea de neuronas se activa es cuando se acciona el pensamiento.

Este planteamiento de Hebb (asociacionista) es uno de los antecedentes de lo que más tarde se conocerá como conexionismo, que vuelve a surgir después en los años 80 con los trabajos de McClelland y Rumelhart y sus modelos PDP.

Este tipo de modelos, en realidad, son modelos útiles para estudiar el aprendizaje, pero hay autores como Fodor y Pyhishyn que consideran que los modelos PDP no son los más adecuados para estudiar el pensamiento.

¿En qué se diferencian los modelos cognitivos y simbólicos y estos modelos?

Los modelos conexionistas o PDP (modelos sub-simbólicos) emplean la metáfora del cerebro y los pensamientos se activarán en paralelo.

Los modelos cognitivos (simbólicos) utilizan la metáfora del ordenador y los pensamientos se activan de forma serial.

Gestalt

La escuela de la Gestalt es racionalista. La Gestalt tiene como punto de partida los estudios experimentales de Maxwell Wertheimer acerca de la visión del movimiento.

En estos trabajos Werthimer analizaba el movimiento aparente y concluye que el todo es diferente a la suma de las partes.

Los autores de la Gestalt se centran en estudiar la percepción y los procesos del pensamiento y resolución de problemas de manera holística o molar (lo contrario que decían los estructuralistas).

Según los teóricos de la Gestalt, los procesos de pensamiento no se limitan a una mera asociación de estímulos, como plantea el conductismo: sino que el proceso de resolución de problemas supone la elaboración de algo nuevo que ellos llamaban Gestalten o reestructuración cognitiva, que los sujetos alcanzaban por insight.

Los principales representantes de la Gestalt que se han interesado por los procesos de pensamiento y la resolución de problemas son:

-Kãhler

-Koffka

-Wertheimer

-Duncker

Cuando el sujeto resuelve un problema tiene, según Wertheimer, dos formas de pensamiento:

-Pensamiento reproductivo; consiste en la aplicación mecánica de la solución a un problema ya conocido para resolver otro problema (por ensayo-error)

-Pensamiento productivo; consiste en comenzar intentando comprender la estructura de la tarea para ser capaz luego de generalizar a otro tipo de tareas; de forma que en un momento determinado surja el insight gracias a una reestructuración cognitiva de los elementos de la tarea.

Otra de las aportaciones de la Gestalt es que defiende que el pensamiento tiene lugar por etapas y el contexto juega un papel fundamental a la hora de tratar de resolver la tarea.

El pensamiento es un proceso de resolución de tensiones en el que el sujeto, en un momento de insight, elimina la fijeza funcional y alcanza la solución. La fijeza funcional es un término de Duncker que supone la predisposición mental del sujeto que le impide utilizar un objeto como una función diferente a la que normalmente se le suele dar. Para exponer este concepto Duncker utilizará el dilema de la caja.

La Gestalt fue muy criticada por utilizar todo un cúmulo de conceptos ambiguos y meramente descriptivos y que no forma parte de una teoría general, de manera que carecen de la constatación empática necesaria.
Sin embargo, la principal aportación de esta es que ha dado una visión diferente en el estudio de los procesos de pensamiento que es una visión de arriba hacia abajo de forma que el pensamiento será un proceso guiado conceptualmente y orientado a un objetivo, pensamiento como proceso propositivo y molar.

Psicometría

La psicometría estudia el pensamiento a través de los test mentales. Utilizando los test mentales se intentó llegar a conocer cuál era la estructura de las capacidades mentales. Aquí surgía la polémica: algunos autores como Spearman, defendieron que las capacidades de los sujetos dependían de un factor general o Factor G de inteligencia. Otros autores, sin embargo, consideraban que los sujetos podían tener diferentes habilidades separadas que les permitiesen resolver diferentes tipos de problemas. Thurstone realizó el test de aptitudes mentales primarias que medían cinco factores o habilidades separadas de los sujetos (verbal, razonamiento, fluidez verbal, fluidez numérica y fluidez espacial).

Las técnicas para tratar de resolver este debate son técnicas correlacionales llamadas "análisis factorial". Estas técnicas no resuelven la polémica generada por Spearman y Thurstone, pues estas son subjetivas, esto es, hay diferentes formas de análisis factorial y según usemos una u otras técnicas hallaremos resultados en una u otra posición de la polémica.

También por parte de la psicometría existen tareas que miden la personalidad y el pensamiento cognitivo. Sternberg en los años 80 tratan de conjugar la información del enfoque psicométrico y del cognitivo. Por una parte, usa tareas de tipo psicométrico para obtener información sobre las capacidades mentales del sujeto y, por otra, estaba interesado en conocer los procesos cognitivos que subyacen a esas capacidades.

Estos dos enfoques se utilizan hoy en día en algunos ámbitos de la investigación como en el estudio de las diferencias individuales.

¿Cómo se conjugan los dos enfoques?
Un ejemplo de este tipo de estudios sería pasar primero a los sujetos tareas psicométricas que midan razonamiento y luego una tarea experimental de razonamiento.

Si algunos sujetos puntúan algo en la tarea psicométrica y también realiza correctamente la tarea experimental de razonamiento, se puede decir que la combinación de esas tareas es buena predictora de las capacidades de razonamiento del sujeto.

También nos permite comprobar cuáles son los procesos cognitivos que subyacen al razonamiento.

Si en una tarea psicométrica de comprensión el sujeto puntúa alto y este sujeto también realiza bien una tarea de razonamiento, es decir, si existe una alta correlación entre estas tareas, querría decir que hay una relación entre los procesos de comprensión y entre los procesos de razonamiento.

Enfoque cognitivo

La psicóloga cognitiva surge en los años 50-60 y supuso una vuelta al estudio de los procesos mentales, pero no en la misma línea que en la psicología de Wundt.

Ahora se aprovecha la tecnología moderna para el estudio de los procesos mentales.

Hay factores internos y externos que marcan el nacimiento del paradigma cognitivo.

Estos son:

-Internos

Surge, en el Ámbito de la psicología, la necesidad de reestructurar internamente la disciplina debido a la etapa de decadencia del conductismo.

Externos

Diversas disciplinas ajenas a la psicología aportan diversas teorías al desarrollo del cognitivismo.

Entre las más destacadas están:

Teoría general de sistemas

Surge en el Ámbito de la biología de la mano de Bertalanffy.

Este autor rechazaba una causalidad lineal entre fenómenos (defendida por los conductistas) y plantea que los organismos tienden a configurar sistemas en la naturaleza, sistemas formados por elementos que interactúan entre sí.

La psicología cognitiva toma de esta teoría su noción de sistemas y el rechazo a la causalidad lineal; para esta no hay una relación estrecha entre causa-efecto como planteaba el conductismo.

Rechaza la conducta determinista y defiende una conducta propositiva (dirigida a una meta, a unos objetivos, a un fin).

Teoría de la información surge en el Ámbito de la comunicación de la mano de Shannon.

Este plantea una teoría que trataba de explicar en términos matemáticos bajo qué circunstancias se puede transmitir una señal en presencia de ruido, independientemente de cuál fuese el canal de comunicación.

La psicología cognitiva toma de esta idea la primera de sus metáforas; concebir la mente como un canal de información.

Esta metáfora fue rechazada relativamente pronto, pero de ella se aprovecharán algunos de los conceptos más destacados en el ámbito de la psicología cognitiva; procesamiento serial, procesamiento en paralelo, capacidad limitada, etc.

Campo de las ciencias formales y la tecnología-a del ordenador; estas teorías aportan a la psicología cognitiva la base para su segunda metáfora fundamental; la metáfora computacional. Esta consiste en considerar la mente como un ordenador. Esta metáfora tiene dos versiones; una débil, que es la asumida por la psicología cognitiva; y una más fuerte, que será aceptada por otras ciencias cognitivas como la Inteligencia Artificial, por ejemplo.

La versión débil plantea que la mente humana funciona de manera similar a como funciona el ordenador; la versión fuerte afirma que un ordenador programado de forma adecuada podrá actuar como la mente humana, que entiende y es capaz de pensar.

En general, todos los programas de ordenadores se basan en realizar una serie de operaciones lógicas, de forma que, durante las primeras etapas de investigación cognitiva, en el Ámbito de algunos procesos como el lenguaje o razonamiento, se asumió un isomorfismo o paralelismo entre las leyes de la lógica y del pensamiento. En esto consiste uno de los primeros postulados de la Psicología cognitiva: los meta postulados logistas.

La lingüística y la psicolingüística de Chomsky: la lingüística aporta a la psicología cognitiva otras cuestiones como la dualidad competencia-actuación. Estos dos conceptos fueron tomados por parte de las teorías racionalistas del razonamiento para explicar que los sujetos tienen una competencia lógica; un conjunto lógico de reglas que utilizan para razonar.

Según estas teorías, cuando los sujetos cometen errores, el origen está asociado a factores de actuación; interpreta de forma incorrecta las premisas sobre las que tiene que actuar.

Principales áreas de investigación en psicología del pensamiento

Para resolver esta cuestión tomaremos como punto de partida un sistema de taxonomía-a desarrollado por Johnson-Laird. Las preguntas clave para ir elaborando esta taxonomía son:

¿El pensamiento tiene un objeto?

No. Entonces estamos ante un pensamiento asociacionista (ensueños).

Sí. Entonces estamos ante un pensamiento de solución de problemas. Dentro de este tipo de pensamiento existen varias clases de pensamiento distintas.

Para diferenciarlas se realiza la siguiente pregunta:
¿El pensamiento es determinista?
Sí. Entonces el tipo de pensamiento con el que estamos trabajando es el cálculo.

No. Entonces debemos realizar otra pregunta para determinar ante qué tipo de pensamiento estamos.

La pregunta en este caso es:
En ese pensamiento, ¿Existe un pensamiento de partida concreto, una premisa?

No. Es un pensamiento creativo.

Sí. Es un razonamiento.

Por último, cabe diferenciar qué tipo de razonamiento es.

Para ello se formula la siguiente pregunta:

¿Incrementa la información semántica?

Sí. Estamos hablando de inducción.

No. Estamos hablando de deducción.

De todos los procesos estudiados desde la psicología del pensamiento, los más estudiados son el razonamiento, la solución de problemas y el pensamiento creativo. A nivel de representaciones, lo más estudiado son la formación de conceptos y la formación de categorías.

Psicología del pensamiento: Consideraciones metodológicas

¿Cómo se estudian los procesos mentales en psicología del pensamiento?

¿Cuáles son los métodos de investigación en la psicología del pensamiento?

La metodología experimental es la más utilizada en psicología del pensamiento, además, también se utilizan otras metodologías como, por ejemplo, los auto informes o protocolos verbales, la simulación por ordenador y la inteligencia artificial.

En el año 1974 Radford introdujo, dentro de la metodología de tipo introspectivo tres diferenciaciones. Una era la auto observación introspectiva, la otra era la autoobservación retrospectiva y otra era el auto informe o protocolo verbal.

Auto observación introspectiva
Consiste en que el sujeto trata de analizar objetivamente cuáles son los procesos mentales implicados en la resolución de una tarea, previamente propuesta por el experimentador, una vez que la tarea ha concluido.

Auto observación retrospectiva
El sujeto trata de analizar cuáles son sus experiencias pasadas tanto inmediatas como remotas, pero sin

preocuparse de hacerlo de una manera especialmente objetiva.

Protocolos verbales

Consiste en que el sujeto va expresando en voz alta lo que va pensando acerca de la tarea que plantea el experimentador, con el fin de obtener una verbalización de las estrategias que está utilizando el sujeto para resolver la tarea mientras se está enfrentando a ella. Estas estrategias son luego analizadas a través de la técnica de análisis de protocolos verbales.

Ericsson y Simon (1980, 1984) dicen que esta metodología–a es una técnica importante y válida en el estudio del pensamiento, porque cuando el sujeto está pensando en voz alta está reflejando qué es lo que sucede en su memoria a corto plazo en el mismo momento en el que está respondiendo.

Nisbett y Wilson (1974) critican ambos tipos de metodología introspectivos observacionales porque ellos creen que los sujetos tenemos una capacidad muy pequeña para poder detectar cuáles serán los procesos cognitivos que están implicados en tomar una decisión, resolver una tarea, etc.

Ericsson y Simon se centraron fundamentalmente en los estudios del proceso de pensamiento utilizando como metodología-a los protocolos verbales.

Ellos defienden este tipo de metodología-a porque consideran que es una fuente de datos válida, fiable, que tiene el mismo valor experimental que otros métodos utilizados en psicología.

A estos autores, lo que se le ha criticado es que no hay que comprobar si la fuente de datos es fiable, sino conocer en qué circunstancias los informes verbales es una fuente de datos fiable.

Otra metodología frecuentemente utilizada es la simulación por ordenador e inteligencia artificial.

La simulación por ordenador consiste en simular a través de un ordenador el comportamiento del sujeto humano cuando resuelve una tarea.

Uno de los primeros programas que se elaboró mediante simulación por ordenador fueron Newell, Show y Simon.

Este fue un programa que se basaba en la resolución por parte de un ordenador de una serie de problemas matemáticos tratando de simular como pensaba el matemático humano cuando se enfrenta a este tipo de tareas.

En el ámbito de la Inteligencia Artificial, también se diseñaron programas de ordenador, pero, en este caso, el objetivo era resolver un determinado tipo de tareas de la forma más eficaz y eficiente posible.

Resumen y conclusiones

A lo largo de la historia de la psicología se han propuesto diferentes modos de concebir el pensamiento humano. Los más relevantes han sido tres:

-Pensamiento como respuesta del organismo.

-Pensamiento como estructura cognitiva.

-Pensamiento como proceso activo.

En este sentido, algunos autores consideran que se han dado tres grandes perspectivas teóricas en el estudio del pensamiento; el conductismo, la escuela de la Gestalt y el paradigma del procesamiento de la información.

Otros autores como Sternberg y Ben-Zeev en 2001 resumen las principales escuelas teóricas en el estudio del pensamiento de la siguiente forma:

Principales escuelas teóricas
Influencia en la psicología del pensamiento
Estructuralismo
Analiza la conciencia en sus elementos básicos.

Funcionalismo y pragmatismo
Se centra en el estudio de las operaciones mentales y la utilidad práctica de la conciencia.

Asociacionismo
Estudia las asociaciones mentales entre sucesos e ideas.

Conductismo

Estudio de la conducta externa y observable.

Gestalt

Estudia los conceptos holísticos, molares, globales; no solo como una suma de elementos.

Psicología cognitiva

Pretende conocer cómo piensan las personas; sus procesos de pensamiento.

Las dos principales preocupaciones en el estudio de la psicología del pensamiento era estudiar los procesos del pensamiento y las representaciones que subyacen a esos procesos.

¿Cómo se han estudiado?

Principalmente a través de una metodología experimental, aunque también se han utilizado los autoinformes verbales, la simulación por ordenador y la Inteligencia Artificial.

Psicología educativa

La calidad en la educación

La calidad educativa implica un equilibrio entre excelencia y equidad. Que todos aprendan y aprendan bien.

Pero ¿Es posible mantener un equilibrio entre equidad y excelencia?

El informe PISA es el informe del programa internacional para la evaluación de estudiantes y se basa en un análisis del rendimiento de los estudiantes a partir de unos exámenes universales realizados cada tres años a los estudiantes de 15 años ya que esta es la edad límite de escolarización obligatoria en algunos países. La media española se sitúa bajo la OCDE por poco; pero cuando se ven los datos autonómicos se ve que la media baja especialmente por los datos de Andalucía. El informe PISA valora también la inversión en educación, etc.

Hay países que logran tener un porcentaje muy alto y unir equidad y excelencia. La equidad se mide por el porcentaje de varianza asociado al nivel sociocultural del alumno; cuanto menor sea esta asociación más equitativa es el sistema (ej. Finlandia). También se mide por la variabilidad intercentro, entre centros del propio país (el hecho de estar en un centro u otro supone mayor o menor rendimiento).

Evolución de la equidad a en el tiempo

Al comienzo se consideraba equidad como igualdad en el acceso, que todo el mundo tuviese posibilidad de acceder a la escuela superando formas de acceso o selección encubiertas.

En España no está garantizado en la etapa 0-3 años (escuela infantil).

Posteriormente se consideró equidad como igualdad en la oferta educativo, que hubiese un currículo común para todos los alumnos para evitar que aquellos que proceden de clases sociales populares estén mayoritariamente representados en los programas menos valorizados socialmente.

Actualmente está asegurado en las etapas obligatorias de aprendizaje, la etapa 6-16 años.

Finalmente se considera actualmente equidad como igualdad en los resultados, que haya rendimientos similares entre alumnos de distinto género, procedencia, clases sociales, etc.

¿La igualdad de oferta y atención a la diversidad supone igualdad de resultados?

Si no se atiende a la diversidad es cierto que puede pasar que una idea hecha para la equidad (igualdad de oferta) se vuelva en contra de la propia idea.

El profesor se encuentra dando un discurso al alumno medio y puede suponer que los alumnos de nivel más alto como los de nivel más bajo se pierdan. Atender a la diversidad supone bajar ratios, hacer desdobles, etc., es caro y lo que ha sido un avance social desde el punto de vista de la educación se ha hecho una dificultad media. La atención a la diversidad debe ser el eje de la calidad, pero hacer leyes no lo hace todo, hay que bajar la competitividad entre los centros, formar profesores que puedan atender a esta diversidad, etc.

LODE

La LODE se instauró en el gobierno del PSOE y movilizó a importantes protestas cuando se aprobó, siendo tomada por los más "tradicionalistas" como un ataque. La LODE se caracterizó por la libertad religiosa y moral. Hay que distinguir que las personas para entender el mundo y la sociedad en la que estemos debamos entender la existencia de la religión y sus fundamentos, dentro de la comprensión del arte y las cuestiones culturales, sin las cuestiones de fe.

La LODE toma la decisión de separar ambos temas.

La segunda decisión tiene que ver con la regulación de la participación democrática en los órganos de gobierno de profesores, padres y alumnos. Se crea el consejo escolar.

La tercera decisión es la libertad de elección de centros y la regulación de la oferta pública, concertada y privada.

Los centros concertados y privados son de entidades privadas (la Iglesia incluida), los centros públicos son nuestros, del Estado.

Si miramos quién paga en estos centros, los centros públicos tienen financiación exclusivamente privada pero los concertados y los públicos son financiados por el Estado.

La idea de concierto en la LODE es: la educación debe estar financiada por el estado, pero si el Estado no puede cubrir todas las plazas necesarias para todos los ciudadanos, puede convocar un concurso para una escuela financiada por una entidad. La privada es subsidiaria de la pública, la pública es la que tiene la red y cuando no llega tira de la privada.

Es una ley que defiende el derecho a la educación.

Con la LODE aprobada se siguen manteniendo la ley del 70, la ley general de educación de 1970. La LOGSE se instaura en 1999.

LOGSE

La LOGSE prolonga la obligatoriedad de la escolarización hasta los 16 años, dado que la escolarización obligatoria hasta entonces era los 14 años, pero no se podía trabajar hasta los 16. La LOGSE se hace también porque es necesario saber las competencias en educación de las comunidades autónomas. Se repiensa el currículo

.

Se regulan los derechos de los alumnos con necesidades educativas especiales.

El programa de inserción había empezado en el 85 como un real decreto y aquí se hace ley que todo alumno, independientemente de sus circunstancias, debe recibir la escolarización básica. También se intenta modernizar los contenidos y la metodología que se encontraba desfasada entre los distintos planes de estudios.

LOCE

La Ley de Calidad de 2002 que no llega a ponerse en funcionamiento con lo cual el sistema no cambia.

LOE

2006. Se pretende paralizar la LOCE y conseguir un pacto educativo duradero. Se intentan introducir medidas que pudieran conseguir una mejor atención a la diversidad y actualizar las metas del sistema de acuerdo con los objetivos europeos.

LOMCE

Posiblemente en a finales de 2012 se podría aprobar. Una de las medidas es la obligatoriedad de dar la escolarización en castellano en Cataluña.

Preámbulo de la ley: "La educación es el motor que promueve el bienestar de un país; el nivel educativo de los ciudadanos determina su capacidad de competir con éxito en el ámbito el panorama internacional y de afrontar los desafíos que se planteen en el futuro. Mejorar el nivel de los ciudadanos en el ámbito educativo supone abrirles las puertas a puestos de trabajo de alta cualificación, lo que representa una apuesta por el crecimiento económico y por un futuro global."

Una de las cosas que se le critican a esta ley es precisamente el preámbulo de la ley. Hay que permitir que todos tengan educación, no convertir a la gente educada en una élite.

El libro blanco de la LOE se llama "Una educación de calidad entre todos y para todos"

Etapas del sistema educativo
Educación Infantil
La LOE opta por lo educativo frente a lo asistencial. Es una etapa no obligatoria con dos ciclos: de 0 a 3 años

que es no gratuito donde el profesorado mayoritariamente ha cursado un ciclo formativo de grado superior; y de 3 a 6 años donde es una enseñanza gratuita aún no obligatoria, uno de los logros de la LOE, y los profesores han estudiado magisterio en la especialidad de educación infantil.

Educación Primaria

Se divide en tres ciclos: de 6 a 8 años, de 8 a 10 años y de 10 a 12 años, de dos años cada uno. Tienes tiempos más largos para ver si se cumplen los objetivos del ciclo, no del curso, se mantiene el mismo profesor y las decisiones de promoción se toman al final del ciclo. Tienes dos años para conseguir los logros del ciclo.

Se imparten distintas áreas: conocimiento del medio natural, social y cultural, educaciones artísticas, educación física, lengua castellana y la literatura, lenguaje extranjero, matemáticas, y religión o una alternativa. El tutor da: cono, matemáticas, lengua y la educación artística que no es música. El resto de las asignaturas las imparten especialistas en Educación Física, Lengua extranjera y música.

Previo a la LOE todas las materias eran impartidas por el tutor.

En educación primaria únicamente se puede repetir una vez. Pero en algunos países con los mejores resultados no hay repetición y se ha recomendado eliminar la repetición. La idea de la repetición es "solo necesita más tiempo" para asimilar los conceptos, pero si no se varia esa forma de aprender no hay cambio a no ser que fuese cierta la teoría de que con el tiempo cambian las bases cerebrales y de eso depende únicamente.

La solución es ajustar el currículo, aumentar el nivel de profesores de apoyo, etc.

La primaria tiene una mayor salud educativa: hay mayor intervención de la familia, menos profesores entrando y saliendo, profesores especializados en la enseñanza, etc., está más preparada para enseñar que la secundaria.

Muchos problemas de la secundaria vienen heredados de los 6-9 años de la primaria (estudiantes de secundaria que no saben leer o escribir correctamente). Hay que comprometer a la primaria porque nueve años son muchos años.

Educación Secundaria

Etapa comprensiva. La unidad curricular son cursos académicos.

Las áreas estudiadas son: ciencias de la naturaleza, ciencias sociales, educación física, educación para la ciudadanía, educación plástica y visual, lengua castellana y literatura, lengua extranjera, matemáticas, música, religión/alternativa y tecnología. Hay espacio para una optativa de 1º a 3º que suele ser una segunda lengua y en cuarto una mayor opción como preparación para bachillerato o FP.

Se obtiene un título único de Graduado en Educación Secundaria Obligatoria. Los profesores en secundaria son licenciados o graduados con un máster en formación de profesorado de secundaria en sustitución al CAP.

Para ser profesor de secundaria hay que ser licenciado, ingeniero o arquitecto. Se realiza la licenciatura y el CAP, un curso de tres meses de formación para ser profesor; y con esta formación se accede a ser profesor o tutor de secundaria. Pensar que para dar clase basta con saber la disciplina es una distorsión. Actualmente el CAP.

ha sido sustituido por un máster de un año de formación como profesor obligatorio para la enseñanza pública y privada.

Va habiendo una mayor conciencia de que enseñar no es una tarea tan sencilla como antes nos planteábamos y por tanto se van subiendo las exigencias de las personas que deben ejercer esta enseñanza.

Hay dos modelos principales para formarte para profesor: el modelo consecutivo en el cual primero se realiza la carrera y luego el máster, mientras el modelo consecutivo el estudio para ambas cosas es a la vez mediante optativas en la carrera y luego puede complementarse con formación extra.

La LOGSE permitía además a los profesores jubilarse a los 80 años para poder renovar las plantillas.

Como se puede ver el currículo va especializando a lo largo de la formación, haciéndose más disciplinar, cosa que resulta bastante lógica en principio.

Bachillerato

Es una etapa no obligatoria de 16 a 18 años con tres tipos de asignaturas: comunes, específicas de modalidad y optativas. Las tres modalidades de bachillerato actuales son Humanidades y Ciencias Sociales, Ciencias y tecnologías y Artes.

El profesorado de bachillerato es el mismo profesorado de secundaria en los centros que ofertan ambas opciones, o sino con los mismos criterios de selección que los profesores de bachillerato.

Actualmente el Gobierno está barajando la opción de un bachillerato de tres años. Aunque el currículo en principio está diseñado para dotar de unos conocimientos, el hecho de la presencia de la prueba de acceso a la universidad al final del bachillerato hace que, en vez de enseñarse de esa forma, se enseñe orientado a pasar la prueba de acceso. Enfocar bachillerato solo para a la universidad es incorrecto dado que de bachillerato se puede ir a FP, a la universidad o no seguir estudiando.

Formación profesional

Son Programas de Cualificación Profesional Inicial (PCPIs) que eran la antigua garantía social.

Actualmente la FP se divide en ciclos formativos de grado medio que son un año de formación, y ciclos formativos de grado superior de año y medio o dos años de formación.

La formación profesional permite acceder a la universidad de forma similar a como lo permite la prueba de acceso a la universidad de bachillerato.

Recién salido de la secundaria se realiza un grado medio, mientras que recién salido del bachillerato se va al grado superior.

Sin embargo, actualmente hay pruebas de acceso a los distintos grados. Esto se realizó también para que personas del mundo del trabajo puedan optar también a los grados, aunque en realidad su mayor uso es de estudiantes para pasar al mundo laboral a través de la FP.

El profesorado en FP se compone de profesores de secundaria o con criterios similares y profesores especialistas.

Permutaciones de la LOMCE

La educación obligatoria incluye la educación primaria, la educación secundaria y los ciclos de formación profesional básica.

Se pretende reducir el porcentaje de autonomía curricular de las administraciones de las comunidades autónomas. Hasta ahora los contenidos comunes requerían el 65% del horario con la lengua cooficial y el 75% en el resto. La LOMCE reduciría esta autonomía jugando con el porcentaje de distintos tipos de materias: troncales, específicas y de especialidad.

En Educación Primaria desaparecen los ciclos y se organiza la etapa en cursos, lo cual implica que se puede repetir cualquier año de la educación primaria, no solo al final de ciclo.

Se pasa a una estructura más disciplinar en la organización de las áreas de conocimientos: ciencias de la naturaleza y ciencias sociales.

Estas dos asignaturas se considerarán troncales junto con Lengua y Literatura, Matemáticas, y primera lengua extranjera. Las materias troncales supondrán al menos el 50% del horario.

Las asignaturas específicas serán la educación física y la religión (o valores culturales, que es otra de las novedades álgidas de la ley), asignaturas específicas de la comunidad serán educación artística y la segunda lengua extranjera y como asignatura de especialidad será la lengua cooficial o literatura, más otra asignatura de especialidad a elección suya o del centro.

Las comunidades autonómicas harán una evaluación de todo el alumnado al final de tercero, de Lenguas y Matemáticas y si no se alcanzan las competencias básicas se deberán tomar medidas ordinarias o extraordinarias.

Habrá una nueva evaluación en sexto donde los criterios de evaluación serán los mismos para todo el sistema educativo español y se realizará en el propio centro, pero se aplicarán y calificarán por especialistas externos.

El resultado se plasmará en un informe individual en niveles bajo, medio y alto, y planes de mejora para centros con niveles inferiores a los previstos.

En la Educación Secundaria Obligatoria hay dos ciclos. El primero de tres años y el segundo, de carácter propedéutico de un año.

El currículo no se organiza en áreas sino en materias, de las cuales las troncales ocuparán el 50% del horario (biología y geología, física y química, educación física, geografía e historia, lengua castellana y literatura, matemáticas en modalidad aplicada y académica y primera lengua extranjera); el alumno podrá elegir durante los tres primeros años entre varias asignaturas específicas. Y las asignaturas de especialidad será lengua y literatura según la comunidad autonómica, etc., similar a la primaria.

La diferencia se da en cuarto, donde habrá dos opciones: una académica para cursar Bachillerato y otra enseñanza de modalidad aplicada para la iniciación en ciclos FP. Varían las matemáticas y algunas asignaturas troncales y específicas entre las cuales el alumno deberá hacer elecciones.

Desaparecen los programas de diversificación y los programas de cualificación profesional inicial (PCPI). Se crean los programas de mejora del aprendizaje y el rendimiento en el primer ciclo, a los que se derivará al alumno que acaba de terminar primero, segundo o tercero de la ESO siempre que haya repetido algún curso previamente. Estos programas irán dirigidos a aquellos alumnos que presenten dificultades generalizadas de aprendizaje no imputables a la falta de estudio o esfuerzo. Después de ellos podrán cursar cuarto y obtener el título.

Se puede aprobar con dos materias suspensas e incluso tres y se realizará un programa de esfuerzo. Al finalizar cada curso se entregará a los padres un consejo orientador en el que se propondrá el itinerario más adecuado y, en su caso, la incorporación a un programa de mejora o un ciclo básico. Al acabarlos recibirán un certificado de los estudios cursados.
Se podrá acceder a un ciclo de FP básica a partir de los quince años y tras haber cursado el primer ciclo de la ESO.

La obtención del Título de Graduado en ESO se realizará al finalizar la secundaria. Será una prueba a la que los alumnos se podrán presentar por cualquiera de las dos opciones o por ambas. Podrán presentarse con dos suspensas siempre y cuando no sean lengua y matemáticas. Será una prueba fijada por el gobierno, previa consulta de las autonomías, y aplicada por estas últimas, pero por agentes externos al centro. Si no se supera podrá volver a presentarse. También si quieren mejorar su calificación, previa solicitud. Si la aprueban por una opción pueden, no obstante, presentarse de nuevo por otra.

La obtención del título supone haber aprobado la ESO y superado la prueba.

La calificación final de la ESO se compone de un 70% la calificación obtenida en esta etapa, con ponderación del tipo de asignatura y un 30% de la obtenida en la prueba final.

Hay dos títulos de título: obtenido con opción a enseñanzas aplicadas que permite el paso a bachillerato; y el obtenido por enseñanzas aplicadas que permite ir a FP.

El que no obtenga el título recibirá una certificación.

El Bachillerato tiene cuatro modalidades de estudio: Ciencias, Humanidades, Ciencias Sociales y Artes. Haber separado humanidades y CCSS podría permitir volver a entrar a Psicología por CCSS y no solo por ciencias, aunque como Psicología está asociada a ciencias de salud de momento solo puede entrarse por ciencias pese a haber una optativa de psicología en CCSS.

Se podrá pasar de curso con dos materias suspensas y los alumnos realizarán una prueba final fijada por el Gobierno, previa consulta de las comunidades autónomas, aplicadas por éstas últimas por agentes externos al centro. Podrán repetir la prueba en caso de no superarla o de querer mejorar la calificación. La calificación final corresponderá un 40% a la nota obtenida en la prueba final y un 60% correspondiente a la calificación del Bachillerato.

Además de esto la Universidad y las Facultades podrán realizar sus propias pruebas.

Organizar un proceso como este en cuanto a fechas, a poder presentarse un alumno a distintas pruebas es inviable.

La Formación Profesional no varía en gran cosa. Hay programas de formación básica, ciclos de grado medio (con una prueba de acceso a los 17 años) y de grado superior (prueba de acceso a los 19 años). Se accede desde la ESO o desde Bachillerato.

Lo programas de FP básica están al nivel de la ESO y se puede acceder entre los 15 y 17 años con el requisito mínimo de haber cursado el primer ciclo de la

ESO sin poder pasar a 4° y excepcionalmente entrar desde 2° de la ESO.

Para los ciclos de FP de grado medio es necesario el título de la ESO en enseñanzas aplicadas o el título de bachiller o el título de FP básico más una prueba.
Es un curso específico, se entra a partir de los 17 años y si supera la demanda habrá una prueba específica.

Para los ciclos de FP de grado superior para ser admitido pro un centro se debe superar un procedimiento de admisión teniendo el título de Bachillerato o un certificado de FP medio, a partir de los 19 años y si se supera la demanda, habrá una prueba específica.
La FP es la única formación que ha logrado en centros públicos tener un profesorado que no sea funcionario.

Resumen de los cambios de la LOMCE: Generales Educación obligatoria: Primaria, Secundaria o ciclo de FP básica
Reduce el porcentaje de autonomía curricular de las administraciones de las comunidades autónomas.

En educación primaria desaparecen los ciclos y se organiza en cursos

Asignaturas troncales: ciencias de la naturaleza y ciencias sociales, además de lengua y matemáticas. Son el 50% del horario.

Asignaturas específicas: educación física, religión o valores culturales.

Asignaturas específicas de la comunidad: segunda lengua extranjera y educación artística. Asignaturas de especialidad: lengua cooficial, más una asignatura a elección del centro.

Se evaluará al alumnado al final de 3º y otra vez al final de 6º. Criterios generales establecidos por el Gobierno central.

En educación secundaria

Dos ciclos. El primero de 3 años y el segundo de carácter propedéutico (preparativo a bachiller).

Asignaturas troncales: biología y geología, física y química, geografía e historia, lengua castellana y literatura, matemáticas (modalidad aplicada o académica), primera lengua extranjera, educación física.

En el primer ciclo el alumno puede elegir asignaturas específicas.

En el segundo ciclo (4º año) dos opciones: académica para cursar bachillerato, o de enseñanzas aplicadas para iniciarse en FP.

Todos cursarán: lengua, matemáticas (dos modalidades), primera lengua extranjera, educación física.

Enseñanzas académicas: física y química/geografía e historia; biología y geología/latón; una optativa (oferta de segunda lengua extranjera o educación plástica).

Enseñanzas aplicadas: ciencias aplicadas a la actividad profesional; tecnologías de la información; una optativa (oferta de iniciación a la vida laboral o educación plástica).

Se sustituyen los programas de cualificación profesional inicial (PCPI) por los programas de mejora de aprendizaje y rendimiento en el primer ciclo.

Dirigidos a los que presente dificultades no imputables a la falta de estudio o esfuerzo.

Se puede acceder a un ciclo de FP básica a partir de los 15 años habiendo cursado el primer ciclo de ESO. Al finalizar el segundo curso se hará una evaluación general establecida por el Gobierno.

Obtener el título de graduado en la ESO: se hará una prueba al finalizar secundaria, fijada por el Gobierno. Se puede volver a presentar si suspende. El título se obtiene habiendo aprobado la ESO (70% de la calificación final) y superando la prueba (30%).

En Bachillerato

Cuatro modalidades: Ciencias, Humanidades, CCSS y Artes. Se pasa de curso con dos materias suspensas. Prueba final fijada por el Gobierno que pueden repetir si no la superan o quieren mejorar la calificación. La calificación final será un 40% esta prueba y un 60% la calificación del Bachillerato.

Las universidades y facultades pueden hacer sus propias pruebas de admisión al margen de esta previa.

En Formación profesional

Hay programas de FP básica (acceso entre 15 y 17 años, sustituto del segundo ciclo de la ESO), ciclos de grado medio (acceso a los 17 años) y grado superior (acceso mediante una prueba a los 19 años). Se accede desde la ESO o bachillerato.

Es la única formación en centros públicos que puede tener un profesorado que no sea funcionario.

El currículo

El currículo es la respuesta al qué, cómo y cuándo enseñar y evaluar. Es la definición de las intenciones educativas de un determinado sistema escolar y un conjunto de objetivos, contenidos, métodos pedagógicos y criterios de evaluación para cada uno de los niveles, etapas, ciclos o cursos del sistema educativo.

Su función es hacer explícitas las intenciones que un sistema educativo considera imprescindibles para contribuir a que los alumnos pasen a ser miembros activos de un grupo social, y por tanto sirve de guía para las prácticas docentes.

En este momento consideramos que hay ciertas competencias que no están garantizadas por otros contextos sociales pero que son elementales y por tanto se introducen en el currículo escolar. Es la selección de aquellas competencias que se consideran necesarias en un grupo social; porque su desconocimiento supone una diferencia con los otros y una deficiencia.

Todo no cabe. Seleccionar qué competencias son imprescindibles es una de las partes más costosas del currículo, dependiente además de la cultura del entorno porque unas se garantizan en unos sitios y en otros no. El currículo llega a ser un proyecto social con mayor importancia que la ley que lo aplique pues determina qué se aprenderá y cómo.

Las fuentes del currículo son los ámbitos de conocimiento que deben tener en cuenta en la toma de decisiones sobre el mismo y son la sociología, la epistemología, la psicología y la pedagogía; siguiendo el modelo de Soar Cohen. Se deben tener en cuenta estos tres elementos a la hora de tomar las decisiones dado que hay tener en cuenta la sociedad, cómo son los alumnos, qué métodos de aprendizaje hay, que formas de aprender hay etc.

Hay un debate en el campo del currículo que, si deben ser abiertos o cerrados, lo cual es un continuo (más cerrados o más abiertos).

El más cerrado sería aquel en el que la administración indique todos los detalles a los profesores sobre qué y cuándo estudiar; y el otro extremo es que la decisión sea casi totalmente libre para los profesores y el centro. De ambas opciones hay ventajas e inconvenientes.

Lo abierto puede atender mejor a la diversidad y el docente no es el ejecutor de las decisiones de otro, sino que puede ajustar la enseñanza en el proceso; a estas dos ventajas se contraponen dos inconvenientes y por tanto puntos a favor del currículo cerrado.

Si no se garantiza que unos aprendizajes mínimos se den en cualquiera de los centros escolares se pone en riesgo la equidad y más teniendo en cuenta que los títulos escolares son estatales de todo el país y por tanto es común a todos.

Se plantean distintos niveles de concreción curricular

1) El Gobierno establece las enseñanzas mínimas para todo el Estado.

2) Las administraciones autonómicas deciden el currículo oficial de su ámbito de competencia y es cerrado y prescriptivo sin opción de modificaciones.

3) El equipo docente del centro adapta el currículo prescriptivo y lo amolda a su centro.

4) Los docentes teniendo en cuenta todo lo anterior hacen la programación de aula.

Los niveles de concreción son niveles de adaptación.

Elementos del currículo

-Objetivos: definidos en términos de capacidades y referidos al conjunto de competencias.

-Contenidos: conceptuales, procedimentales y actitudinales.

-Criterios de evaluación: concreción de los objetos.

Los criterios de evaluación no son los criterios de promoción, sino en base a qué se comprueba que los alumnos han adquirido los contenidos y competencias.

El concepto de competencia

Se basa en la importancia de la funcionalidad.

Supone integrar los elementos cognitivos y afectivos y los distintos tipos de contenido (conceptos, procedimientos, actitudes). Implica poder utilizar el conocimiento en distintos contextos y por tanto implica enseñar a generalizar tanto en contextos formales como informales.

Las competencias, además, ponen el acento en los aprendizajes que se consideran imprescindibles.

Se consideran competencias transversales: matemáticas, ciencia y tecnología, cultura y arte, comunicación lingüística, tratamiento de la información y competencia digital, competencia social y ciudadana, competencia para aprender a aprender, y competencia para favorecer la autonomía y la iniciativa personal.

La escuela inclusiva

Inclusión educativa: proceso sistémico de mejora e innovación educativa para promover la presencia, el rendimiento y la participación de todo el alumnado en la vida escolar de los centros donde son escolarizados, con particular atención a aquellos alumnos o alumnas más vulnerables a la exclusión, el fracaso social o la marginación, detectando y eliminando las barreras que limitan dicho proceso.

En esta definición debemos atender a varios elementos
El concepto de presencia hace referencia a la decisión de dónde son educados los alumnos.
Nos remite al asunto de la localización, es decir, al dilema entre centros, aulas y espacios comunes, compartidos o específicos, segregados para algunos o no, etc.

El concepto aprendizaje se refiere a la preocupación por garantizar el mayor nivel de aprendizaje significativo en las competencias establecidas en el currículo, sin conformarse con lo básico o elemental sin más, y asegurar un progreso y avances constantes para cada alumno en función a sus características y necesidades individuales.

El concepto de participación implica ir más allá del acceso. Supone aprender con otros y colaborar con ellos en el transcurso de las clases. Supone una implicación activa con lo que se está aprendiendo y enseñando. Pero también supone ser reconocido por lo que uno es y aceptado por esto mismo.

El dilema de la inclusión excluyente
"Diría que, en los países occidentales, al democratizar el acceso a la escuela, no han sabido simultáneamente democratizar el éxito escolar.

Simplemente han abierto sus puertas, pero, una vez que los niños que estaban excluidos de la escuela han entrado en ella no se ha comprendido que hacía falta modificarla para darles los medios para prosperar.

Esto ha desembocado en una paradoja: aquellos que tradicionalmente eran víctimas de la exclusión escolar se han vuelto culpables de su propio fracaso.

Esto ha engendrado en los niños y en las familias una forma de rencor social mezclada con el sentimiento de haberse equivocado.

Porque se les ha dicho "venid" y "entrad" pero no se ha preocupado que en el interior encuentren su sitio." (Philippe Meirieu).

Medidas de atención a la pluralidad
Medidas comunes

-Concepciones sociales sobre la diversidad y las diferencias individuales.

-Opciones del proyecto educativo del centro.

-Opciones curriculares. Esto es: niveles de concreción, desarrollo integral del mismo.

-Medidas dentro del aula: enseñar de forma ajustada.

A partir de los conocimientos previos se utiliza la interacción entre alumnos para atender a una dimensión emocional y se emplean las tareas y materiales diversos que permiten distintos grados de aprendizaje.

-Opciones

-Organización del centro. Que permita agrupamientos, desdobles, etc.

-Refuerzos y apoyos

Medidas extraordinarias

-Programas de diversificación.

-Programas de cualificación profesional inicial (PCPI).

-Atención a los alumnos con necesidades educativas especiales (ACNEEs).

Aquellos que necesitan para alcanzar los objetivos educativos recursos suplementarios como adaptaciones curriculares (sean significativas o no significativas.

Un ejemplo de significativas es modificar un elemento prescriptivo, poner en riesgo la opción a título; las no significativas son simplemente dar más tiempo, priorizar, cambiar la metodología):

-Programas de compensatoria.

-Alumnos con altas capacidades.

Es preferible emplear las medidas ordinarias antes dado que tienen un menor índice de división, etc., pero si son requeridos es también importante emplear las medidas extraordinarias.

Para derivar un alumno a una de estas medidas no es solo decisión del tutor, sino que para hacerlo debe estar autorizado por un protocolo en el cual se hace una evaluación para ver si realmente las características de la persona requieren que tome estas medidas.

Estos programas y medidas tienen varias diferencias respecto al aula ordinaria que favorecen el aprendizaje y ajuste de los alumnos.

El currículo está dividido en hábitos (ámbito social, ámbito lingüístico), una mayor interrelación profesor-alumno, un alumnado más pequeño (15 personas máximo), tutorías de 2 horas semanales en vez de una y los docentes que imparten clase en los programas de diversificación son personas que han elegido dar clase ahí.

Esto hace que la mayoría de los alumnos de diversificación consigan el título de forma que en el grupo ordinario que tal vez no lo hubieran conseguido. El perfil del alumno que es enviado a una de estas medidas es que el nivel del alumno ha acumulado un desfase de dos años respecto al currículo, es decir, es un desfase tan notable que, aunque el profesor intente ajustar el nivel, que no va a ser capaz de mejorarlo con el resto de la clase. Si es así, a partir de los 15 años se pasa a las medidas extraordinarias.

Enseñanza y aprendizaje

El concepto de constructivismo puede ser analizado desde la perspectiva epistemológica (innatismo, constructivismo, empirismo), y desde la psicología se identifican tres principales enfoques (constructivismo cognitivo, sociocultural y social).

La concepción constructivista de la enseñanza y el aprendizaje es una propuesta teórica de César Coll que pretende ofrecer un marco de análisis y diseño de los procesos de enseñanza y aprendizaje en el marco escolar.

No es pues el constructivismo, ni tampoco una propuesta didáctica por mucho que se puedan derivar de ella consecuencias didácticas. No es su función original.

La educación escolar es uno de los instrumentos que utilizan los grupos humanos para promover el desarrollo y la socialización de sus miembros más jóvenes.

Lo que lo distingue de otras prácticas educativas es la convicción de que, en el marco de nuestra sociedad y cultura, hay determinados aspectos del desarrollo y la socialización de los niños y jóvenes que requiere una ayuda sistemática, planificada y continuada durante un período largo de tiempo.

Para la mayor parte de los niños y jóvenes en la sociedad actual esta ayuda no puede proporcionarse ni garantizarse mediante su participación en otro tipo de prácticas educativas, lo cual explica y justifica, al menos en parte, su institucionalización y generalización a partir de un momento histórico determinado.

Además de esta función de ayudar a promover ciertos aspectos del proceso de desarrollo, la educación como práctica social que es cumple muchas funciones más relacionadas con la dinámica y funcionamiento de la sociedad en su conjunto.

La función de conservar, reproducir y legitimar determinados aspectos del orden social y económico establecido, la función de control ideológico, la función de formar a las personas de acuerdo con las necesidades del sistema de producción, etc.

La concepción constructivista no niega ni ignora que la educación escolar cumple de hecho a menudo estas funciones, pero entiende que la única función que puede justificar plenamente su institucionalización, generalización y obligatoriedad es la de ayudar al desarrollo y socialización.

Las distintas teorías psicológicas han aportado su grano de arena a la concepción constructivista de la enseñanza de aprendizaje:

La teoría Piagetiana
Aporta los conceptos del desarrollo de las estructuras cognitivas, de la actividad mental necesaria para el aprendizaje, de los mecanismos de equilibrio y de la importancia de la toma de conciencia sobre el aprendizaje. Esto a su vez repercute sobre la guía de la secuencia de aprendizajes, adaptándola a lo que el niño puede aprender en cada momento.

Permite además reflexionar sobre la acción y la importancia de la metacognición para aprender a aprender y la importancia del conflicto y el error, el valor del error para aprender.

Sin embargo, también tiene limitaciones en cuanto a cómo las estructuras cognitivas son descripción de las competencias, pero no de la actuación para aprender. También da escaso valor a los factores emocionales y psicosociales, al igual que tampoco da importancia a la interacción con los otros en el desarrollo. Además, la teoría se basa en buscar lo común a todos, sin dar valor a lo peculiar de cada individuo.

De la Teoría de Ausubel del aprendizaje significativo:
Aporta conceptualmente la idea de los distintos tipos de aprendizaje y enseñanza.
El aprendizaje significativo en contra al aprendizaje memorístico, al igual que la enseñanza por descubrimiento frente a la enseñanza receptiva. También las distintas condiciones que debe cumplir un aprendizaje para ser significativo (significatividad lógica y psicológica, y motivación); y los procesos de

aprendizaje (diferenciación progresiva y reconciliación integradora).

En cuanto a las repercusiones educativas da importancia a los conocimientos previos y a los mapas conceptuales.

Modelos

-Aprendizajes memorísticos: tablas de multiplicar, aplicación de fórmulas para resolver problemas, soluciones por ensayo y error.

Las presentaciones de los libros de texto casi siempre, al igual que la mayor parte del trabajo en un laboratorio escolar.

-Aprendizajes significativos: investigación, descubrimiento de cosas, estudios multimedia bien concebidos, trabajos con mapas conceptuales.

-Aprendizaje por recepción: conferencias, libros de texto, uso de fórmulas para resolver problemas, los estudios multimedia.

-Aprendizaje por descubrimiento: método de ensayo y error, investigación, a veces el trabajo en un laboratorio.

La Teoría Vygotskiana

Aporta los conceptos de zona de desarrollo próximo (distancia entre lo que alguien puede hacer por si solo y el nivel de desarrollo potencial, aquello que sería capaz de hacer con ayuda), la ley de doble formación (todo aprendizaje aparece dos veces, primero a nivel inter-psicológico y luego intra-psicológico, en la relación con los demás y luego con nosotros mismos), y el papel de la mediación semiótica (el papel central de los instrumentos de mediación, herramientas que están orientadas hacia los objetos físicos, y signos que permiten organizar el pensamiento, orientadas hacia el exterior y el interior del sujeto).

Esto repercute en la educación en los mecanismos de influencia educativa (la construcción de significados compartidos y el paulatino traspaso de control) y la importancia de la interacción del aula dado que lo social es crucial.

Teoría del procesamiento de la información y la psicología cognitiva

Aporta los conceptos de las representaciones y su naturaleza, la diferencia entre expertos y novatos y las teorías implícitas.

Que a su vez tienen repercusiones educativas en el sentido de dar más valor a los conocimientos previos, diferenciar distintos tipos de contenidos escolares, dar importancia a los dominios específicos y el cambio conceptual como explicación del aprendizaje (hacer explícitas las ideas implícitas, provocar el conflicto empírico o teórico, ofrecer teorías alternativas, contrastarlas con la teoría implícita, transferir los nuevos conocimientos a otros dominios académicos, y finalmente transmitir estos conocimientos a dominios cotidianos).

Aspectos psicosociales y relacionales del aprendizaje

Aporta el concepto de sentido y aunque no se trata de una teoría sino de una suma de aportaciones de varios enfoques, da importancia a la motivación, al autoconcepto, a la autoestima, a las expectativas y a las atribuciones.

Principios de la concepción constructivista

1. La repercusión de las experiencias educativas formales sobre el crecimiento personal del alumno, es decir, la cantidad y calidad de los aprendizajes significativos que puede llevar a cabo mediante su participación en actividades educativas escolares está condicionada entre otros factores por su nivel de desarrollo cognitivo.

2. La repercusión de las experiencias educativas formales sobre el crecimiento personal del alumno está igualmente condicionada por los conocimientos previos pertinentes, así como por los intereses, motivaciones, actitudes y expectativas con que inicia su participación en las mismas.

3. Tener en cuenta el estado inicial del alumno en la planificación y desarrollo de las actividades escolares de enseñanza y aprendizaje exige atender por igual a los dos aspectos mencionados (conocimientos previos y nivel de

desarrollo cognitivo). Lo que un alumno es capaz de hacer y aprender en un momento determinado depende de esto pues, además de intereses, motivaciones, actitudes y expectativas que ha ido construyendo en el transcurso de sus experiencias previas de aprendizaje tanto escolar como no-escolar.

4. Hay que establecer una diferencia entre lo que el alumno es capaz de aprender y hacer por sí solo, y lo que es capaz de hacer y aprender con ayuda de los demás, observándolas, imitándolas, siguiendo sus instrucciones o actuando juntamente con ellas.

5. Para que un aprendizaje sea significativo deben cumplirse las dos condiciones esenciales identificadas por Ausubel: el contenido del aprendizaje debe ser potencialmente significativo tanto de forma lógica (el contenido debe ser portador de significados) como psicológicamente (debe haber en la estructura mental del alumno elementos relacionables de

forma sustantiva con el contenido), y el alumno debe tener una disposición favorable para realizar aprendizajes significativos sobre el contenido en cuestión.

6. El factor clave en el aprendizaje escolar no reside en la cantidad de contenidos aprendidos sino en su grado de significatividad con lo que los alumnos aprenden y el sentido que ellos les atribuyen. El nivel de significativdiad de un aprendizaje depende de la cantidad y naturaleza de las relaciones que el alumno puede establecer entre el nuevo material de aprendizaje y sus conocimientos y experiencias previas. Cuanto más sustantivas y complejas sean estas relaciones, mayor será el grado de significatividad del aprendizaje realizado y mayor sentido tendrá para el alumno.

7. La disposición más o menos favorable del alumno para realizar aprendizajes significativos está estrechamente relacionada con el sentido que puede atribuir a los contenidos, que a su vez

depende de los componentes motivadores, emocionales y relacionales del acto de aprender. Construcción de significados y atribución de sentido son dos aspectos indisociables del aprendizaje escolar.

8. La significatividad del aprendizaje escolar está directamente relacionada con su funcionalidad. Es decir, con la posibilidad de utilizar los aprendizajes realizados cuando las circunstancias así lo aconsejen o lo exijan. Cuanto más numerosas y complejas sean las relaciones establecidas entre el nuevo contenido de aprendizaje y los elementos de la estructura cognoscitiva, tanto mayor será también su funcionalidad, pues podrá relacionarse con un abanico más amplio de nuevas situaciones y nuevos contenidos.

9. El proceso mediante el cual se produce el aprendizaje significativo requiere una intensa actividad mental constructiva por parte del alumno, que debe establecer relaciones

sustantivas y no arbitrarias entre el nuevo contenido y los elementos ya disponibles en su estructura cognoscitiva. La actividad mental constructiva implica psíquicamente al alumno en su totalidad y pone en marcha tanto procesos cognoscitivos como afectivos y emocionales.

10. Al mismo tiempo que construye significados y atribuye sentido a los contenidos escolares, el alumno debe aprender a situarse ante el conocimiento escolar.

Es decir, va construyendo una imagen de sí mismo como aprendiz, de su capacidad de aprendizaje, de sus recursos y de sus limitaciones.

El autoconcepto académico y sus ingredientes valorativos (la autoestima) son al mismo tiempo un condicionante y una consecuencia de la historia escolar del alumno.

11. Conviene establecer una distinción nítida y clara entre la memoria mecánica y repetitiva, que tiene un escaso o nulo interés para el

aprendizaje significativo de los contenidos escolares, y la memoria comprensiva, que es por el contrario un ingrediente fundamental del mismo. La memoria no es solo el recuerdo de lo aprendido, sino la base a partir de la cual se pueden acometer nuevos aprendizajes.

La memorización comprensiva y la funcionalidad del aprendizaje son ingredientes esenciales del aprendizaje significativo.

12. Aprender a aprender. Sin lugar a duda es el objetivo más ambicioso y más importante de la educación escolar. Significa ser capaz de realizar aprendizajes significativos por sí solo en una amplia gama de circunstancias y situaciones.

13. La estructura mental del alumno puede concebirse como un conjunto de esquemas de conocimiento interrelacionados.

En este sentido puede decirse que mediante la educación escolar se pretende contribuir a la revisión, modificación y construcción de los esquemas de conocimientos de los alumnos.

14. Tomando como referencia el modelo de equilibrio de las estructuras cognitivas formulado por Piaget, cabe caracterizar el proceso de revisión, modificación y construcción de esquemas de conocimiento en las escuelas como un proceso que incluye fases de equilibrio, desequilibrio y re-establecimiento del equilibrio.

15. Las fases de desequilibrio y búsqueda de un nuevo equilibrio que interviene necesariamente en todo proceso de revisión, modificación y construcción de nuevos esquemas de conocimiento (y por tanto en la realización de aprendizajes verdaderamente significativos sobre los contenidos escolares) provocan a menudo en los alumnos confusiones, incomprensiones y errores que deben ser interpretados como momentos sumamente importantes, e incluso en ocasiones necesarios, del proceso de aprendizaje.

16. El proceso de construcción de significados y de atribución de sentidos es el fruto de las relaciones que se establecen entre lo que aportan los alumnos, lo que aporta el profesor y las características del contenido.

La clave para comprender el proceso de construcción del conocimiento en el aula reside en los intercambios que se producen entre los alumnos y el proceso en torno a los contenidos del aprendizaje.

En el transcurso de los intercambios, se actualizan y modifican los conocimientos previos, actitudes y motivaciones del alumno.

El profesor lleva a cabo su labor mediadora entre la actividad mental constructiva de los alumnos y el saber colectivo culturalmente organizado.

En el transcurso de estos intercambios se ejerce pues la influencia educativa dirigida a lograr un engarce y una sintonización entre los significados que construye el alumno y los que vinculan los contenidos escolares.

La interacción en el aula

Atribución de sentido y construcción de significados

La atribución de sentido y la significatividad del aprendizaje:

En la concepción constructivista el sentido se refiere a todos los aspectos motivacionales (metas, expectativas, atribuciones, autoestima, etc.) y alude a cómo un alumno se enfrenta al aprendizaje, si lo toma como un reto estimulante o como una tarea en la que tiene seguro que va a fracasar, como una obligación etc.

Esta motivación tiene elementos cognitivos y afectivos, elementos objetivos y percibidos. No es solo una característica de los alumnos, sino que debemos plantearnos si un alumno no aprende porque no está motivado o no está motivado porque no aprende.

Las representaciones que los profesores tienen de sus alumnos (lo que piensan y esperan de ellos, las capacidades e intenciones que les atribuyen) funcionan como un filtro para interpretar su comportamiento o valorarlo y contribuyen a generar expectativas que pueden llegar a modificar la actuación de los alumnos en el sentido por ellas marcadas.

También, a su vez, las representaciones que los alumnos hacen de sus profesores pueden llegar a determinar la actuación de estos.

En función de cómo se perciben los alumnos y profesores se desarrollan fenómenos como la profecía autocumplida o el efecto Pigmalión.

Las expectativas a su vez están estrechamente relacionadas con las atribuciones que hacemos del éxito o fracaso escolar. La atribución puede ser externa-interna, estable- variable y controlable- incontrolable. El mejor estilo de atribución es el que considera que tanto los éxitos como los fracasos han producido por causas internas, variables y controlables.

El autoconcepto se refiere a un conjunto amplio de representaciones que las personas tenemos acerca de nosotros mismos (aspectos corporales, psicológicos, sociales, morales y otros). Está relacionado con la autoestima dado que este último es la evaluación afectiva del propio yo que suele sustentarse en el autoconcepto.

Motivos o metas que pueden orientar las actividades de aprendizaje de los alumnos

-Metas relacionadas con la tarea: Incrementar la propia competencia (motivación por ser competente), actuar autónomamente sin sentirse obligado (motivación por autonomía), disfrutar con la realización de la tarea por su novedad o por experimentar el control y dominio de su realización (motivación intrínseca).

-Metas relacionadas con la autoestima y la autovaloración: Conseguir una valoración positiva de la propia competencia y sentir el orgullo del éxito (motivación pro el éxito), evitar la valoración negativa y el sentimiento de vergüenza que acompaña al fracaso (motivación por el fracaso).

-Metas sociales (relacionadas con la valoración social): Conseguir ser aceptado socialmente, evitar ser rechazado socialmente.

-Metas relacionadas con las recompensas externas (motivación extrínseca): Conseguir premios o recompensas, evitar castigos.

Estrategias motivadoras en el aula

Trabajos

Ajustar la tarea a los conocimientos previos del alumno.

Que sean tareas uno o multidimensionales.

Fragmentada en sus pasos o solo definida por su estado final.

Que active la curiosidad y enfatice la utilidad.

Orientarla a los alumnos, orientarla hacia el proceso y no hacia el resultado y poner énfasis en la forma de superar dificultades para al final evaluar el proceso.

Autoridad

Distintos estilos de autoridad en el aula: autoritario, permisivo, democrático o colaborador.

Reconocimiento

Que se da a los alumnos en forma de elogios del esfuerzo. Pueden darse de forma privada o pública, grupal o individual, positivo o negativo.

Grupo

Trabajo de forma individual o grupal, cooperativa o competitiva.

Evaluación

Puede realizarse de forma formativa (por el profesor, en base a unos criterios establecidos como el currículo que es criterial, o en base a los resultados de la clase que es normativa) o formadora (con participación de los alumnos en la evaluación).

La evaluación puede tener una función social-acreditativa (que homologa y acredita el aprendizaje hecho) o pedagógica.

En este segundo caso su objetivo es regular los procesos en el aula y puede estar regulada por el profesor (formativa, normativa o criterial) o autorregulada por el alumno (formadora, marcada por la coevaluación y autoevaluación).

Utilizar la evaluación fundamentalmente como algo formativa (regular lo que el profesor ha enseñado) y formadora (regula el aprendizaje por el aluno).

Hacer una evaluación continua que permita conocer los procesos de aprendizaje del alumno frente a pruebas aisladas que ofrece una visión menos ajustada de su competencia. Se debe devolver a los alumnos una información sobre la evaluación que no se limite solo a los resultados, sino que analice el proceso de la tarea.

La autoevaluación y coevaluación permite al alumno tomar conciencia de sus propios procesos de aprendizaje y controlarlos, lo cual permite favorecer un estilo atribucional interno, variable y controlable.

Tiempo
Cómo se distribuye el tiempo en el aula y cómo se emplea.

Interactividad profesor-alumno
Articulación de las actuaciones del profesor y los alumnos en torno a un determinado contenido o tarea específica del aprendizaje.

Forma un triángulo profesor-alumno-tarea y se ve afectada por la especificidad de la tarea, del tipo de contenido y el contexto.

Mecanismos de influencia educativa

Procesos interpsicológicos subyacentes a las formas y dispositivos concretos mediante los cuales es posible, de maneras distintas en situaciones distintas ajustar la ayuda educativa mental constructiva del alumno.

Dos tipos de mecanismos:

1) Mecanismos para favorecer la construcción de significados compartidos. Diversas formas de favorecer la representación, elaboración y reelaboración de las representaciones. Estructuras IRE, adaptación al marco social de referencia, ayudas cálidas (mensajes verbales o no), renuncia estratégica.

2) Mecanismos de traspaso de control: el profesor consigue el alumno vaya apropiándose de los recursos que en un primer momento solo tiene el docente. Favorece el proceso de interiorización. No se trata de un proceso lineal, sino que tiene momentos de desconexión que obligan al profesor a retomar el control. Si el traspaso se produce adecuadamente el análisis

longitudinal de la unidad didáctica mostrará que en la actividad conjunta va disminuyendo la importancia del profesor y aumentando la del alumno.

La interacción entre los propios alumnos. (Grupos)

Permite la socialización, la adquisición de competencias sociales, el control de impulsos agresivos, la relativización de los puntos de vista y el incremento de las aspiraciones y del rendimiento académico. Sin embargo, la influencia de la interacción sobre estos aspectos del desarrollo no es constante y depende de otras cosas más que de la organización social del aula.

Hay tres tipos de interacción de los alumnos respecto a la tarea: Cooperativa, competitiva e individualista.

-Cooperativa: Los objetivos que persiguen los participantes están estrechamente vinculados entre sí, de tal manera que cada uno de ellos pueden alcanzar sus objetivos sí, y solo sí, los demás alcanzan los suyos también.

-Competitiva: los objetivos o metas de los participantes están relacionados de manera que existe una correlación negativa entre su consecución por parte de los implicados, es decir, un alumno puede alcanzar la meta si, y solo sí, los demás alumnos no pueden alcanzar la suya.

-Individualista: no existe ninguna relación entre el logro de los objetivos y lo que alcancen otros participantes.

Las estructuras cooperativas favorecen relaciones más positivas caracterizadas por la simpatía, la atención, la cortesía y el respeto mutuo y desarrollan sentimientos recíprocos de obligación y de ayuda.

Las situaciones cooperativas son superiores a las competitivas e individualistas respecto al rendimiento y la productividad de los participantes. la cooperación intragrupo con competición inter-grupos es superior a la competición interpersonal. Y la cooperación sin competición es superior a la que sí tiene competición. No hay diferencia entre la competición interpersonal y los esfuerzos individualistas.

Elementos que determinan el valor educativo de la interacción entre alumnos

-Confrontación de puntos de vista distintos. Favorece el conflicto sociocognitivo.

No es posible cuando uno se impone o tienen todos, el mismo punto de vista, pero conviene que el nivel de discrepancia sea moderado.

-El contraste de perspectivas, que permite explicitar teorías implícitas.

-Tener que regular la conducta de otro, lo que ayuda a la propia autorregulación.

-El principio de autoridad no ejerce su influencia en un grupo a no ser que un alumno adopte un papel excesivamente asimétrico.

-La probabilidad de tener éxito en grupo es mayor y tiene importantes repercusiones en todos los mecanismos que influyen en el sentido del aprendizaje.

Factores modulares del beneficio de los grupos heterogéneos

-Respecto al rendimiento académico: para los de bajo rendimiento el grupo es claramente favorable, para los de nivel alto el rendimiento es igual o superior, y para los de nivel medio la mejora es moderada.

-El estatus sociocultural y la etnia es una variable que se solapa con el rendimiento académico, lo que hace confusos los resultados de los estudios de estas variables.

-Respecto al género es conveniente formar grupos con igual número de chicas y chicos o se corre el riesgo de que las chicas participen menos.

Finalmente, a la hora de planificar la organización social del aula hay que tener en cuenta que el hecho de trabajar en grupo no asegura siempre una estructura cooperativa, que tampoco es favorable que trabajar todo el tiempo en grupo.

Hay que decidir la composición de los grupos y ayudar a repartirse las responsabilidades.

La evaluación del trabajo en grupo debe complementarse con una evaluación individual.

Y tener en cuenta que la interacción entre alumnos es muy útil también con alumnos de otros cursos.

Aprendizaje

Aprendizaje

Cualquier cambio que se produce por influencia del ambiente.

Desde distintos puntos de vista el aprendizaje es la adquisición de conocimiento de alguna cosa por medio del estudio o de la experiencia (concepción popular); todo cambio relativamente permanente en la conducta como consecuencia de la práctica razonada (concepción conductista); y un cambio relativamente permanente en el comportamiento o el conocimiento como consecuencia de la práctica.

Para que haya aprendizaje debe darse un cambio apreciable y evaluable, relativamente permanente, que puede afectar a muchos aspectos (conductas, actitudes), normalmente por consecuencia de la práctica.

Esta práctica puede ser intencional o no, más prolongada o menos, hay aprendizajes como las fobias que se dan con una única exposición.

La idea común en la calle es que el aprendizaje solo supone adquirir conocimientos cuando no es así.

Aprendizaje es cualquier cambio en conocimientos, etc., incluso el cambio de lo que vas haciendo a lo largo del día lo que vas a recordar cuando digas:
- ¿Qué tal te ha ido al día?
Supone un aprendizaje desde el punto de vista psicológico.

¿Son aprendizaje y memoria la misma cosa?
Si consideramos la memoria más allá de la memoria explícita, es imposible que haya aprendizaje sin memoria pues es la memoria la que permite que haya una duración entre los elementos aprendidos.

Para poder aprender se requiere una memoria que permita guardar los conocimientos aprendidos para un futuro cuando haya que recuperarlos.

Tampoco se puede dar memoria sin aprendizaje pues todo cambio supone un aprendizaje por mínimo que sea.

Enseñar implica dos personas, un aprendiz y un tercero que es el que muestra el elemento a aprender. La enseñanza implica una intención.

En los casos en los que se aprende de otro sin que haya intención, se dice que hablamos de influencia social.

Por tanto, puede haber aprendizaje sin enseñanza. Si comprendemos enseñanza como que haya una intención de alguien porque el aprendiz aprenda, es posible que haya enseñanza sin aprendizaje si la enseñanza no tiene éxito. puede que se produzca algún cambio o aprendizaje colateral que no sea el aprendizaje esperando por el maestro y por tanto no haya enseñanza.

La enseñanza no es tanto la intención del aprendiz, sino la del maestro.

La cultura afecta sobre la educación, la educación afecta sobre el aprendizaje y el aprendizaje actúa sobre el desarrollo.

Tradicionalmente ha habido dos enfoques para comprender el desarrollo humano. Piaget sostenía el desarrollo natural y Vygotsky apoyaba el desarrollo mediado. Para Piaget el desarrollo depende de la fisiología. No niega que exista la cultura, pero no la considera un factor importante para el desarrollo.

El desarrollo natural postula un cambio global, duradero, irreversible y común a todas las personas. Es espontáneo y está ligado al crecimiento físico (si no se da el crecimiento físico no se da el desarrollo) y se ve influido por factores biológicos y psicológicos.

Da poca importancia a la experiencia social (educación, cultura), a los contextos específicos o a las diferencias individuales. Se trata de un desarrollo de dentro hacia afuera, cuyos cambios internos permiten los cambios de actuación.

Para Piaget el pensamiento es una operación que nos permite hacer el salto desde el objeto al razonamiento. Los seguidores de Piaget han interpretado que esto supone que el sujeto debe estar en constante acción.

Los estadios están construidos uno sobre los sustentos del anterior, por lo que es un desarrollo lineal sin saltos. Los factores que determinan el paso de un estadio a otro son la maduración cerebral, y la experiencia física y social. Lo crucial es el gran potencial del ser humano de ver solo el mundo, a interactuar con él. Los sujetos aprendemos por el simple hecho de tener experiencia con el objeto ya sea de forma física o social. Combinado con estos factores se dan unos procesos de asimilación y acomodación. La teoría del equilibrio habla de cómo los organismos tienden a estar en equilibrio y cuando se produce un cambio en el exterior se equilibran con estos cambios.

El ser humano como ser vivo que es tiene tendencia a que cuando se produce un conflicto, no se queda quieto, sino que tiende al equilibrio a través de la adaptación mediante acomodación y asimilación.

Este proceso es el que le permite ascender a través de los estadios. La inteligencia para Piaget es la capacidad de adaptación al medio.

El concepto de dominio influye en la capacidad de resolución, aunque ambas tareas requieran el mismo tipo de operación. (Ej. los físicos resuelven mejor el problema de la rampa y los historiadores el de emigración, aunque se expliquen con la misma operación).

Aun así, hay autores que consideran a Piaget insuficiente para explicar algunos aspectos del ser humano. En su teoría Piaget afirma que el sujeto interactúa con el objeto, que es todas las dimensiones de la realidad (el pensamiento formal es el pensamiento de lo posible, todo lo que puede llegar a representarse mentalmente es objeto). Pero hay teorías que dicen que siendo esto cierto no es menos cierto que la forma en la que el sujeto interactúa con el objeto esta mediada socialmente. El tipo de experiencia no es ajena a lo social.

Se da una universalidad en sentido horizontal, si se alcanza una estructura de conocimiento, todo lo que venga ligado a esta estructura sería capaz de realizarlo (El egocentrismo).

Piaget afirma que hay un balbuceo por una estimulación del balbuceo física, pero aun así aparte de esto ante el balbuceo hay una reacción social por quienes lo ven y se va creando una intención comunicativa. Vygotsky es el que afirma que dependiendo de la cultura en la que se críe un niño, se notaran distintos efectos en su desarrollo.

El desarrollo mediado es dominante en los enfoques educativos y consiste en unos cambios psicobiológicos y culturales íntimamente ligados. Se produce dentro de un entorno cultural y social con determinados recursos que actúan como mediadores. Es un desarrollo con apoyo social y cultural del grupo de referencia, que combina aspectos universales y específicos de la cultura. El desarrollo se da en un entorno cultural (herencia cultural) que interactúa con el desarrollo biológico (herencia genética).

Se concibe un sujeto epistemológico como especie.

El andamiaje es un concepto de Bruno, pero es un concepto relacionado con la zona de desarrollo próximo de Vygotsky.

Hay tres grandes supuestos en la teoría Vygotskiana del desarrollo: la zona de desarrollo próximo.

La zona de desarrollo próximo son las cosas que somos capaces de hacer con ayuda de los otros que nos rodean. Por debajo de esta zona, está la zona de desarrollo real o efectivo que son las cosas que podemos hacer sin ayuda de los otros, y por encima están las cosas que no podemos hacer aun cuando nos ayuden sin que las haga solo la otra persona.

Las zonas van cambiando a lo largo de la vida conforme interactuamos con otras personas y conforme vamos asimilando cosas y dejamos de necesitar ayuda para hacer ciertas cosas sin ayuda: en este momento la zona de desarrollo próximo se va convirtiendo en desarrollo efectivo).

La existencia de estas zonas de desarrollo diferentes para cada persona necesita un nivel de adaptación por parte del profesor, para comprender las zonas de desarrollo de sus alumnos y así ser más eficaces.

Todos los conceptos que se desarrollan se desarrollan de una forma interpersonal e intrapersonal, tanto en el interior de una persona como en su relación con los demás. En la zona de desarrollo próximo, cuando estamos haciendo acción conjunta con una persona, construyendo, necesito la posibilidad de un lenguaje, de un código semiótico que nos permita comunicarnos, regular la conducta, etc.

Esta regulación se va traspasando cada vez más a la otra persona para que vaya internalizando y dejando de necesitarme a mí para que vaya aproximando más el concepto a su zona de desarrollo eficaz.

El habla privada es una manifestación de este proceso semiótico interno.

Cuando uno mismo habla en voz alta examinando una situación es una manifestación en voz alta del habla privada, ¿no es similar a un diálogo interpersonal de regulación? Al externalizarlo, pensamos mejor.

Para Vygotsky la conciencia es contacto social con uno mismo.

El aprendizaje produce desarrollo. Mientras estás construyendo con otro estás aprendiendo (zona de desarrollo próximo) y cuando lo has incorporado ya y eres capaz de hacerlo sin ayuda de otro es desarrollo, se ha desarrollado la habilidad, y te permite aprender nuevas cosas (amplía las zonas): la zona de desarrollo efectivo facilita aprender unas cosas u otras y el aprendizaje es el que causa el desarrollo. El desarrollo puede ser entendido pues desde la hetero-regulación a la autorregulación.

La mediación semiótica y mediación social

El hecho de que existas en una cultura hace que la mediación semiótica sea un subconjunto de la mediación social.

Pues dependiendo de la sociedad que te rodee (que tenga familias, el tipo de familias, etc.) influyen en el tipo de relación que se da tanto con otros como interiormente.

Es más amplio el modo en el que la cultura puede influir sobre los procesos de relación inter e intrapersonal. Sin código semióticos es muy difícil establecer una relación, pero la mediación social es más amplia que la semiótica, aunque la requieran. Ej.: El sistema de castas.

La cultura

Conjunto de costumbres, práctica, etc., sociales que se transmiten de unos miembros a otros (bagaje cultural). A lo largo de la vida nos vemos sometidos a varios contextos culturales: familia, escuela, y medios de comunicación.

La educación no es el producto, sino las prácticas sociales en las que nos vemos insertos y que explican que tengamos unos procesos inter e intrapersonales. Hay muchas culturas que comparten estos contextos educativos, pero hay otras culturas en las que no hay una familia o es crucialmente distinta.

La religión no es un contexto cultural, sino más bien lo que se enseña en un contexto (catequesis). En este momento a la catequesis no es un contexto obligatorio en el que deban estar todos los sujetos. En otros momentos en esta cultura si lo era de forma oficial y habría que incluirlo de forma oficial, y en otras culturas si es algo obligatorio en el que todos los sujetos deben pasar por ese contexto educativo y por tanto es crucial. En esta cultura ahora el conjunto de personas está inserto en los contextos antes mencionados.

La cultura influye en las personas a las que afectan. Es incorrecto hablar en términos de determinismo pues no condiciona por completo a la persona. Para comprender a una persona tenemos que comprender los contextos en los que está.

Aun cuando la catequesis no sea un contexto para todos u obligado hay quienes tienen ese contexto y tenemos que tenerlo en cuenta; lo mismo pasa con el conservatorio, etc.

Es difícil tener en cuenta la cultura de forma general o en un caso particular, donde hay que analizar qué interacciones se dan en su caso, en su familia, en su escuela, en sus contextos relevantes que otras personas no compartan y no se pueda postular para el conjunto de la cultura.

Cada uno de los contextos tiene importancia porque si no se estuviese en él el desarrollo se hubiera producido de forma distinta.

Hay muchas dimensiones en las que los distintos contextos educativos son distintos: el nivel de compromiso afectivo, el nivel de implicación, el nivel de influencia educativa, etc. Lo cual marca el contexto educativo y los resultados.

Educación formal

Designa los procesos, específica y diferencialmente, en función de objetivos específicos de instrucción. Como es el caso de la escuela.

Educación no-formal

Procesos también específicos y diferenciados que persiguen unas finalidades de instrucción situadas al margen del sistema educativo.

Por ejemplo, la educación de ocio y tiempo libre, o la educación en los medios de comunicación.

Son procesos con una clara intencionalidad y organizados.

Educación informal

Incluye aquellos procesos educativos que se producen de manera indiferenciada y subordinada a otros objetivos y procesos sociales. la función educativa no es la dominante ni hay una especificidad. Por ejemplo, aprender a cocinar en casa sin que pretendan enseñarte.

Psicopedagogía

La psicología escolar es un ámbito de actuación profesional que se articula en torno a las dimensiones tecnológica y práctica de la psicología de la educación y de la instrucción a veces se utiliza el término de intervención psicoeducativa. Llamarlo escolar es una terminología reduccionista de educativa = escolar.

La psicopedagogía es el ámbito de actuación profesional que se articula en torno a las dimensiones tecnología y práctica de todas las disciplinas que se ocupan de la educación, influyendo la psicología de la educación y la psicología de la instrucción, pero incluyendo también otras disciplinas no psicológicas que estudian aspectos diversos de las prácticas educativas escolares y no escalares.

No obstante, esto no es suficiente para entender del todo todos los procesos educativos, se necesita de otros procesos que terminen de complementar el conocimiento.

Las Tics como contexto educativo

Los sistemas semióticos en tanto instrumentos psicológicos nos ayudan a controlar y mediar los procesos psicológicos y por tanto las acciones.

Están históricamente definidos por lo que pueden ser culturalmente transmitidos y algunas de sus características formales/estimulares nos permiten controlar de múltiples maneras las respuestas atendiendo a patrones temporales de presentación, abstracción, visibilidad, secuenciación etc.

Los instrumentos psicológicos son signos, símbolos, textos, fórmulas, que ayudan al individuo a dominar sus propias funciones psicológicas naturales de la percepción, la memoria, la atención, etc., actual como puente entre los actos individuales de cognición y los requisitos simbólicos socioculturales de estos actos.

El carácter semiótico supone una mediación social. Una herramienta semiótica es un signo/símbolo que representa a u objeto con un significado que es interpretado por un sujeto/intérprete.

En medio de todo ello está la educación porque el signo y significado son distintos según la cultura, el lugar, etc. Dado que son representaciones aprendidas.

Rasgos semióticos de la TV

Se trata en una atención basada en el movimiento y ritmo visual-auditivo, con una alta carga emotiva y un carácter unidireccional y pasivo.

Enfrentando la TV con el código escrito (libros) encontramos concreción contra abstracción, síntesis contra análisis, inmediatez contra reflexión, intuición contra racionalidad.

Dependiendo de la circunstancia y el tema una opción es mejor que otra

En el código de la TV es importante establecer ciertas diferencias: entre ficción y realidad, entre el tiempo real del tiempo de película y la información de la persuasión. Diferenciar estos elementos es aprender a comprender y emplear bien el código de la TV. A los 6 meses se observan conductas de atención a la televisión; a los 7 años ya se distingue la ficción de la realidad, pero hasta los 11-12 no entienden la probabilidad de que algo que sale en la televisión pueda ser real y predicen cómo seguirá una secuencia. ¿Ver contenidos violentos en TV te hace más violento?

Tesis de la motivación

Los programas violentos incitan a la imitación, estimulan las conductas agresivas o su aprendizaje. Esta tesis se apoya en los experimentos de Bandura.

Tesis de la aclimatación

Los programas violentos llevan a la habituación.

Se acaba considerando la violencia un medio normal para imponer los propios intereses y para resolver los conflictos.

Se puede dar habituación sin comportamiento violento.

Tesis del retraimiento

Las escenas violentas tienen sobre el espectador efectos intimidadores, inhiben las manifestaciones de emociones y de conductas agresivas.

Tesis de la catarsis

Las imágenes violentas permiten al espectador descargar sus tensiones y su agresividad.

Según diversos estudios hay factores predictores de comportamientos violentos como la percepción del realismo de la violencia insta a la identificación por la alta exposición a contenidos violentos, y también una influencia del ambiente familiar negativo, sobre todo si hay comportamientos antisociales, bajos niveles de empatía, preferencias por el visionado de violencia.

Además, el aumento de la violencia es mayor en videos interactivos que con la TV.

Hay ciertos factores mediante el estímulo y la respuesta. No se puede predecir una respuesta porque el efecto puede ser mayor o menor según estos factores.

Otros riesgos del contenido pueden ser el sexo y los estereotipos sociales.

El sexo como principal fuente de conocimiento de las relaciones sexual, descontextualizado, e idealizado.

En cuanto a los estereotipos se muestran imágenes culturales dominantes, estereotipos sexistas que ni siquiera reflejan la realidad, racistas, ideológicos, etc. La infancia es un concepto cultural.

Se ve como una etapa en la cual el individuo no tiene todos los recursos y que produce una reacción en los que sí la tienen (un adulto).
Se tiende a una protección.

El visionado en grupo

Esta actividad conjunta posibilita que los niños y niñas tengan los anclajes conceptuales y emocionales que les permitan comprender e interpretar los mensajes del medio.

Posibilita que los niños avancen en la comprensión en la distinción entre ficción y realidad, permite valorar el realismo social atribuido a determinados sucesos, amortigua el miedo generado pro algunos programas, puede contribuir a cuestionar las estrategias persuasivas utilizadas en particular en la publicidad, ayuda a los niños a utilizar los estereotipos y prejuicios reconstruidos en los programas, etc.

De todos modos, la TV puede funcionar como fuente de conocimiento siendo una fuente de acceso a experiencias nuevas, un instrumento de aprendizaje específicos y compensación de desigualdades con programas como Barrio Sésamo.

El efecto de estos programas es que los que más se beneficiaban de él eran los espectadores de nivel sociocultural más bajos, supone una mejora, pero no iguala niveles, y se da más aprendizaje en situaciones de visionado grupal.

Tics digitales

La escritura digital, los ordenadores, Internet, etc.
No obstante, es más fácil el acceso a la comunicación vía móvil, e-mail, que a la información formal.

La sociedad del conocimiento ha aumentado exponencialmente gracias a las TICs, el acceso a la información, pero no necesariamente al conocimiento.

Acceso a las TICs

Se ha convertido en un nuevo motivo de desigualdad social (colectivos como los ancianos no tienen el mismo acceso a las TICs). Hay principalmente una gran brecha generacional.
Además, la presencia de las TICs introduce cambios en otros contextos educativos: hay menos actividades compartidas en la familia, un cambio en los modelos de ocio (ordenadores, internet), y en la educación escolar que tiene nuevas demandas como alfabetizar el uso de

las TICs y compensar la desigualdad en acceso a ellas y utilizarlas para el mandato de "aprendizaje a lo largo de la vida".

Se establecen relaciones con otros sistemas que afecta al entorno.

Las TICs no son un nuevo código semiótico, sino que toman métodos ya existentes (imágenes, música, escritura) transmitidas de una forma distinta.

Cualidades de las TICs

Formalismo (previsión y planificación de las acciones, favorecen la toma de conciencia y la autorregulación), la interactividad (permite una relación más activa y contingente con la información, potencia el protagonismo del aprendiz, facilita la adaptación a distintos ritmos de aprendizaje.

Tiene efectos positivos en la motivación y autoestima) son dinámicas (permitiendo la integración, complementariedad y el tránsito entre diferentes sistemas y formatos de representación, lo que facilita la generalización de aprendizaje), se permite la hipermedia (que comporta la posibilidad de establecer formas diversas y flexibles de organización de las informaciones, estableciendo relaciones múltiples y diversas entre ellas. Facilita la autonomía, la exploración y la indagación. Potencia el protagonismo del aprendiz. Permite imaginar realidades virtuales etc.), y, por último, son multimedia (se puede ver un mismo aspecto desde distintos códigos: visual, escrito, auditivo... abre nuevas posibilidades al trabajo grupal y colaborativo; facilita la diversificación en cantidad y calidad dado que se complementan).

Las características que mejor explican la potencialidad del aprendizaje según Vygotsky son la conectividad y la interactividad.

Aplicación educativa de las TICs

Alfabetización digital: dominio funcional de los conocimientos y habilidades para emplear las TIC en un amplio abanico de contextos y prácticas sociales y culturales.

Las TIC son desde esta perspectiva un contenido d la enseñanza.

Las TIC deben hacer más eficientes y productivos los procesos de enseñanza y aprendizaje, sin cuestionar sin embargo la forma de llevarlos a cabo.

Se deben aprovechar el potencial de las TIC para innovar, revisando y modificando de manera sustancial cómo se enseña y cómo se aprende.

Al final lo que se enseña es una mayor interactividad ajustada entre el profesor, el alumno y el aprendizaje mediante las TICs.

Todo proceso de aprendizaje es una interacción entre el profesor, el aprendiz y la tarea que implica tanto el contenido como el contexto.

Aplicaciones innovadoras de las TICs

-Desarrollar un papel más activo e independiente del estudiante: diseñar y construir representaciones ya sea por presentaciones multimedia, diagramas de relaciones causales, mapas conceptuales, páginas web.

-La construcción colaborativa del conocimiento en foros o herramientas de escritura conjunta.

-Crear un entorno de aprendizaje en línea: aulas virtuales que permiten accede a la información, combinar espacios de trabajo en grupo y espacios individuales y privados, utilizar diferentes herramientas de comunicación sincrónica y asincrónica, registrar las acciones de los participantes en el entorno virtual y conservar los registros de estas participaciones.

-Mayores posibilidades de los docentes de seguir los procesos de aprendizaje, pudiendo evaluarlos y sugerir cambios de mejora.

-Mayores posibilidades de los alumnos de autorregular sus propios progresos mediante autoevaluación y coevaluación.

A la hora de aplicar las TICs a los estudios hay que tener en cuenta que cuando se intenta ver el efecto de una ayuda en el aprendizaje hay que tener en cuenta los perfiles de alumnos: hay quienes esa ayuda si les será provechosa, pero otros a los que no.

Además, hay que tener en cuenta que la mayoría de los profesores no se sienten seguros empleando las TICs dada la brecha generacional.

Algunos datos sobre el perfil de las familias

El tamaño medio de los hogares españoles se ha ido reduciendo y ha aumentado el porcentaje de hogares unifamiliares, la edad media a la que se contrae matrimonio se ha retrasado y ha aumentado el porcentaje de matrimonios civiles, se ha aumentado en número de separaciones y divorcios y mutuo acuerdo, se ha producido un descenso de la natalidad, con un incremento de nacimientos en el segundo matrimonio y de madres no casadas

Teniendo en cuenta todos estos cambios ¿Cómo definimos familia?

El concepto tradicional de la familia la define como un agrupamiento compuesto por un hombre y una mujer unidos en matrimonio, más los hijos tenidos en común, todos bajo el mismo techo donde el hombre trabaja fuera de casa y consigue los medios de subsistencia mientras que la mujer en casa cuida de los hijos.

El concepto actual de familia mueve el énfasis en la estructura al énfasis en las relaciones: la familia se define como la unión de personas que comparten un proyecto vital de existencia en común que se quiere duradero, en el que se generan fuertes sentimientos de pertenencia a dicho grupo, existe un compromiso personal entre sus miembros y se establecen intensas relaciones de intimidad, reciprocidad y dependencia.

La familia tiene diversas funciones, en la medida en la que influye en otros contextos de educación. Son funciones de mantenimiento, estimulación, estructuración y apoyo. Las estructuras afectan a as funciones, las leyes deben afectar a las estructuras para proteger el desarrollo. En el ejemplo de los divorcios: en este caso se prohibiría el divorcio por el mal que puede hacer al desarrollo del niño.

Las estructuras afectan a las relaciones, que ya afectan al desarrollo. Se fomentan las relaciones, los apoyos. Siguiendo el ejemplo del divorcio se preservaría la relación sin impedir el divorcio (custodias compartidas, puntos de encuentro, etc.).

Se garantizan factores de acción para que las relaciones sean lo mejor posible dentro de las estructuras existentes.

El énfasis en la relación no debe ser tan simplista como decir que las estructuras no importan, importan porque son las que facilitan unas relaciones u otras y son las estructuras las que afectan a las funciones.

Hay una serie de ideas previas innatas, un sistema de creencias, teorías, conocimientos que tratan de explicar las cosas sobre el desarrollo en la familia de la educación infantil. Estas ideas son implícitas y de bajo nivel de conciencia, forman parte del conocimiento cotidiano, son culturales y sociales, pero al final afectan al individuo y tienen coherencia interna.

Estas concepciones se mueven en distintos márgenes: respecto al origen y las causas de la conducta hay una dicotomía innatista-ambientalista; en cuanto a las metas y valores educativos se valoran la autonomía o el conformismo; hay un calendario evolutivo implícito minusvalorando a los bebés y preescolares, pero sobrevalorando a los escolares con unas expectativas más precoces en ciertas áreas; y respecto a las técnicas educativas se observan el diálogo-coerción y el constructivismo-didactismo.

Rodrigo y colaboradores realizaron una propuesta basada en las teorías que se han venido manteniendo acerca de la infancia durante la historia de la psicología.

Clasificaron a partir de sus concepciones previas sobre el origen del desarrollo, metas, calendario y técnicas, a diversos grupos de familias a través de auto cuestionarios: modernos, tradicionales o paradójicos. Curiosamente la mayoría se auto consideraban paradójicos.

Hay factores que influyen en el origen de estas ideologías: la cultura, rasgos sociales como en el género, y rasgos individuales como la experiencia al criar, el nivel de formación, etc.

La intervención debe ser bidireccional entre la idea y la acción: la modificación de las ideas y apoyos permite experiencias diferentes, y el cambio en las acciones promueven cambios en las ideas.

Se necesita una reflexión para que una cosa afecte a la otra, pero es de la forma en que los cambios pueden ser más sólidos y estables.

A la hora de evaluar la calidad del escenario educativo familiar la escala HOME combina observación y entrevista y trata de evaluar la cantidad de estimulación y apoyo que recibe el niño (tiene escalas dependiendo de la edad, además). La mayor limitación es que sobredimensiona lo académico-cognitivo y el papel de los padres aparece algo desdibujado. Se observa además una correlación positiva y significativa entre las puntuaciones globales y el desarrollo intelectual, correlación baja con el desarrollo social. Los padres modernos y paradójicos puntúan más alto en la escala HOME. Los padres adoptivos obtienen altas puntuaciones.

Una alternativa a la escala HOME es el cuestionario de la vida cotidiana de Palacios y otros. Se basa en un método observación grabando una secuencia de interacciones en juegos y lectura de cuentos. Dimensiones de evaluación: apoyo en la ZDP, aliento a procesos simbólicos, estimulación de la autonomía, estimulación física y social.

Los padres modernos otorgan unas expectativas altas más ajustadas, ayudas contingentes, un alto aliento a los procesos psicológicos complejos, verbalizaciones positivas y una estimulación social y física alta.

Los padres tradicionales alientan poco a los procesos psicológicos complejos, suministran ayudas desde el principio sin demora y sin dejar que el niño lo siga intentando, expresan escasas verbalizaciones positivas y otorgan poco protagonismo al niño.

Los padres paradójicos presentan un patrón oscilante en apoyos de las ZDP y muestran un nivel medio de estimulación física y social.

Los hijos de padres constructivistas hacen los deberes a diario y los fines de semana, ven poco la televisión y si lo hacen es sobre todo por las mañanas de los fines de semana, efectúan pocas tareas de ayuda doméstica y las realizan los domingos por la mañana, efectúan pocas tareas en solitario o con hermanos, realizan numerosas actividades educativas con los padres, intervienen en los diálogos o charlas familiares y efectúan actividades de ocio en función a sus propios intereses.

Los hijos de padres ambientalistas hacen los deberes a diario sin que medie tiempo para el descanso después de la jornada escolar, ven la televisión a diario antes de acostarse, intervienen en las tareas domésticas tanto a diario como a los fines de semana en el horario que mejor se ajusta a las necesidades de la familia al margen de la carga que pueda ser para el niño, realizan a diario tareas de juego en casa en solitario, intervienen en actividades religiosas, practican deporte y efectúan actividades.

Estrategias de socialización

En los últimos años ha habido cambios respecto a los enfoques anteriores, se contempla una relación bidireccional en la interacción padres-hijos, hay una visión menos rígida de las pautas de crianza, y ha habido un cambio de criterio sobre los usos de la sociedad adulta y la adecuación evolutiva. La variable más influyente es el nivel sociocultural y el nivel de formación.

Un factor fundamental es también la comprensión por parte de los hijos de los mensajes y razones de los progenitores.

Estilos de educación (Propuesta de Maccoby y Martín)

– Democrático: alto control y alto afecto.

– Autoritario: alto control y bajo afecto.

– Permisivo: bajo control y alto afecto.

– Indiferente: Bajo control y bajo afecto.

Los estilos de crianza deben aplicarse de forma flexible en función a la edad de los hijos, su personalidad, el tipo de conflicto que surja (externo, interno, violación de normas sociales), etc.

Los límites de esta flexibilidad se encuentran en casos de riesgo de disciplina incoherente, baja implicación y supervisión, disciplina rígida e inflexible o disciplina colérica y explosiva.

Maltrato

Prevención de situaciones de riesgo y/o desamparo
-Primaria: Dedicada a la población general y a los distintos contextos en que el niño se desarrolla (escuelas de padres, programas televisivos sobre "el buen trato", programas de salud, etc.).

-Secundaria: dirigida a poblaciones de riesgo (madres jóvenes, familias en situación de riesgo, poblaciones marginales, etc.).
Se realiza desde distintos contextos: centros de salud, escuelas, etc.

-Terciaria: encaminada a que las situaciones de maltrato no se vuelvan a producir. principalmente se trata de programas de intervención familiar o de servicios de apoyo para las familias.

Papel de la escuela en la prevención del maltrato
Sobre la escuela recaen grandes demandas por el simple hecho de que recoge a una gran población.

La escuela, como los hospitales, son un lugar preferente de captar casos de maltratos.

Una de esas tareas es la de detección de casos de maltrato que recae en profesores que son profesionales formados que en realidad no han recibido formación específica sobre maltrato en su formación inicial.

Hay casos en que el maltrato es muy evidente, pero otros tantos en los que no, y los profesores tampoco tienen material para evaluar el maltrato adecuados.

Los profesores pueden sospechar estar delante de un caso de maltrato y entonces, a través de un protocolo establecido, derivar el caso a servicios sociales.

Otra de las cosas necesarias es recibir por parte de los expertos del caso, las indicaciones sobre cómo debes comportarte posteriormente y llevarlas a cabo (hay niños maltratados que no les agrada el contacto físico).

-Funciones de la escuela: Detección, derivación y actuación de acuerdo con las instrucciones de un servicio que no es el escolar especializado.

-Prevención primaria: formación de alumnos/as y familias.

-Prevención terciaria: Detección: importancia de la formación de maestros y la existencia de protocolos y derivación a equipos específicos si existen.

-Intervención de acuerdo con las instrucciones que los expertos den para actuar tanto con los alumnos como con las familias.

La intervención en el contexto familiar

La intervención ha incrementado por el impacto del modelo ecológico. Es importante apoyar a la familia antes de los cambios que hacen más difícil garantizar sus funciones.

Se busca una protección de la infancia.

Los programas de formación de padres se caracterizan por estar dirigidas al conjunto de las familias, tener un carácter preventivo y no clínico, y no responder a un enfoque individual sino en la práctica educativa general a todas las familias.

-Programas de formación general de padres:

Tienen como objetivo ofrecer información y formación sobre el desarrollo y cuidado de los niños. Son de especial importancia en la primera infancia y adolescencia.

Las escuelas de padres se suelen hacer directamente desde los colegios o a través de los ayuntamientos.

-Programas específicos instruccionales como los de preescolares en casa, o de intervención en familias con hijos en riesgo biológico (niños con minusvalías, etc.) que buscan estimular la participación activa del niño en las rutinas, desarrollar actitudes de valoración de la diferencia, cambio de actitudes y no solo de conocimientos, etc.

Los padres no deben adquirir nuevos conocimientos, sino que en el fondo es un problema de actitud. Como viven como la niegan, como trabajan diariamente la diversidad, la diferencia. La mayor angustia cuando nace un niño con una discapacidad es qué será de ese niño cuándo yo no esté.

Las relaciones entre familia y escuela
-Fases en las relaciones familia-escuela:
Estrecha relación entre escuela-padres-iglesia, como miembros de una misma comunidad.
Mayor especialización de la escuela comienza a haber influencias separadas. La escuela se establece como un elemento propio del que se ocupa el Estado y ya no la Iglesia.

Influencias superpuestas, responsabilidades compartidas que exigen colaboración. Importa desde qué centro se elige y la colaboración de los padres con la escuela.

La familia y la escuela como contextos de desarrollo pertenecen a una misma cultura y por ello comparten unos mismos marcos de referencia generales.

Ambas además tienen encomendadas la educación de los niños y los jóvenes tanto en su desarrollo individual como en su socialización.

Diferencias entre familia y escuela

En la familia se realizan actividades no reales, simbólicas; mientras que en la familia se desarrollan actividades de la vida cotidiana.

Motivar para una actividad epistémica es mucho más complicado que las que sí tienen una meta en la vida cotidiana.

Hay actividades más próximas al interés del niño y motivadoras frente a actividades con menos sentido.

En la familia se da una relación diádica mientras que en la escuela hay una relación de grupo.

Se da también una actuación más independiente en la escuela y una mayor relación con iguales.

Hay una distinta carga emotiva, aunque también es necesaria en la escuela un compromiso emocional. Y a veces se aprecian distintas ideas entre los padres y educadores sobre la educación.

Espacio educativo

Las condiciones de las ciudades limitan la actividad de la infancia. otros intereses se anteponen a los suyos en muchas ocasiones para acomodarse a la vida de la ciudad. Sin embargo, los movimientos de protección de la infancia están impulsando la presencia de la infancia en las políticas de urbanismos y en la oferta de actividades para este colectivo.

Los debates sobre la infancia están mediados por las dicotomías: Autonomía y supervisión, participación y regulación, etc.

Uno de los focos de interés es estudiar el tipo de actividad en el continuo no formal-formal que se desarrollan: las rutinas semanales, las actividades no reguladas en espacios públicos y las actividades extraescolares regladas.

La realización de este tipo de actividades está mediada por las ideologías parentales, por las características físicas y socioculturales del entorno, las características del niño y las condiciones socioculturales y estructurales de la familia.

Estudio de Poveda

-Objetivo: diferenciar posibles estilos en las rutinas de los días laborables de la semana además de la escolarización.

-Instrumentos: cuestionario, fotografías, dos entrevistas, resumen de las actividades elaborado por investigadores y contrastado de la entrevista.

-Participantes: 24 familias, en total treinta y dos niños entre uno y nueve años.

-Estilo: un patrón en la forma de organizar conjuntamente el tiempo, el espacio, la actividad y las interacciones sociales con unas características específicas que permiten agrupar a determinados niños y niñas y dejan fuera a otros que no las comparten.

-Resultados: se reconocieron cuatro estilos.

Domestico (31%).

Extra-domésticos no regulados (22%).

Mixtos con actividades fuera de casa:

Regulados (22%).

Extraescolar regulados (25%).

Hipótesis de la importancia de ser familias que prestan mucha importancia a las actividades relacionadas con la alfabetización.

Estudio de Martín
-Objetivo: conocer el desarrollo de la representación espacial y la influencia del uso del espacio en este desarrollo.

Participaron 80 niños y niñas entre cinco y catorce años de dos entornos: urbano y rural.
Se recogieron datos mediante la construcción de una maqueta, el dibujo en un mapa de los recorridos realizados durante una semana y una entrevista con los padres y madres para estudiar las normas de uso del espacio.

-Conclusiones: el nivel de desarrollo de la muestra rural era mayor que el de la urbana, y además las normas de uso del espacio difieren según el género.

Estudio de Marsh y Kleitman

¿Qué efectos tiene participar en actividades extraescolares?

Se revisaron algunos modelos:

-Modelo sumativo-negativo:

Conflictos recursos-esfuerzo-compromiso.

Las actividades tienen efectos negativos.

-Modelo evolutivo:

Complementarios y no-escolares/académicos.

Hay efectos positivos en aspectos del desarrollo.

-Modelo compromiso-identificación:

Hay un compromiso con diferentes contextos-actividades (escolares/no escolares) y se producen efectos diferentes sobre los logros escolares y no escolares. Hay una importancia del papel de la identidad-identificación actividad vs. escuela.

-Modelo no-lineal (punto crítico):

La inversión no siempre es proporcional al retorno de efecto.

No hay efectos negativos.

Participaron 4250 estudiantes de cien escuelas en cursos entre 3º y 4º de la ESO.

Estudiaron los efectos de las actividades extraescolares en el no consumo de drogas y en una serie de indicadores escolares: el nivel de estudios alcanzado, el tipo de estudio elegido, la autoestima y el autoconcepto académico y las expectativas académicas.

-Resultados: hay pocos beneficios estadísticos, lo que hace dudar de que sea útil la inversión; se observan mejoras de los sujetos que participan en actividades extraescolares en todos los indicadores; los autores atribuyen en la mejora del capo académico al modelo de identificación; no se comprueba la hipótesis del umbral más que en casos sumamente extremos; las actividades extraescolares son especialmente beneficiosas para los estudiantes en desventaja.

-Conclusión: las tareas extraescolares son positivas

Estudios de Ámsterdam - Krasten

-Objetivo: Analizar si existen diferencias en comparación con generaciones anteriores y diferencias de edad y género en el uso de los espacios en el parte. Y el papel de la organización en las relaciones.

-Resultados: Hay un menor uso de los espacios públicos en la generación actual en comparación con la de los años 50-60 en Holanda. No se encontraron diferencias en la distribución del espacio y tiempo entre niños y niñas en Ámsterdam, pero en Cataluña si se encontraron diferencias.

-Actividades separadas por sexo: Futbol (masculino), patines (femenino), columpios (mixto).

Si queremos hacer de la ciudad un mejor espacio educativo hay que prestar atención a varias cosas:

    -Al papel de la administración, que debería tener un modelo teórico de cómo hacerlo al igual que hay un modelo para sanidad, etc.

    -Este modelo afecta sobre todo al diseño de espacios urbanos.

-El que sea bueno para la infancia debería ser una de las cosas que se tuviesen en cuenta.

-También debe actuar hacia el macrosistema teniendo en cuenta cómo influye en la familia, escuela y ocio creando casas de la juventud, etc.

-La familia debe tenerse en cuenta la formación para generar cambio en las concepciones sobre las actividades extraescolares, las rutinas y las pautas de crianza y establecer una coordinación con la escuela.

-La escuela debe diseñar una oferta de extraescolares propia y tener una coordinación con la familia y el ayuntamiento.

Proyecto educativo de la ciudad (PEC)

Es un proyecto de ciudad que se compromete explícitamente con unos valores y una forma de hacer, que piensa qué escuela quiere, qué educación más allá de la escuela quiere establecer, con un compromiso ciudadano e institucional con la educación.

Los PEC son un instrumento que permite al conjunto de la ciudadanía, con el apoyo del ayuntamiento, intervenir en la priorización de los principios, objetivos, metodologías y programas que tienen que orientar la acción educativa de la ciudad.

Así un PEC responde al interés y la voluntad de generar, de forma estable, un compromiso ciudadano establecido de forma propositiva y transformadora.

Cuadros Sinópticos

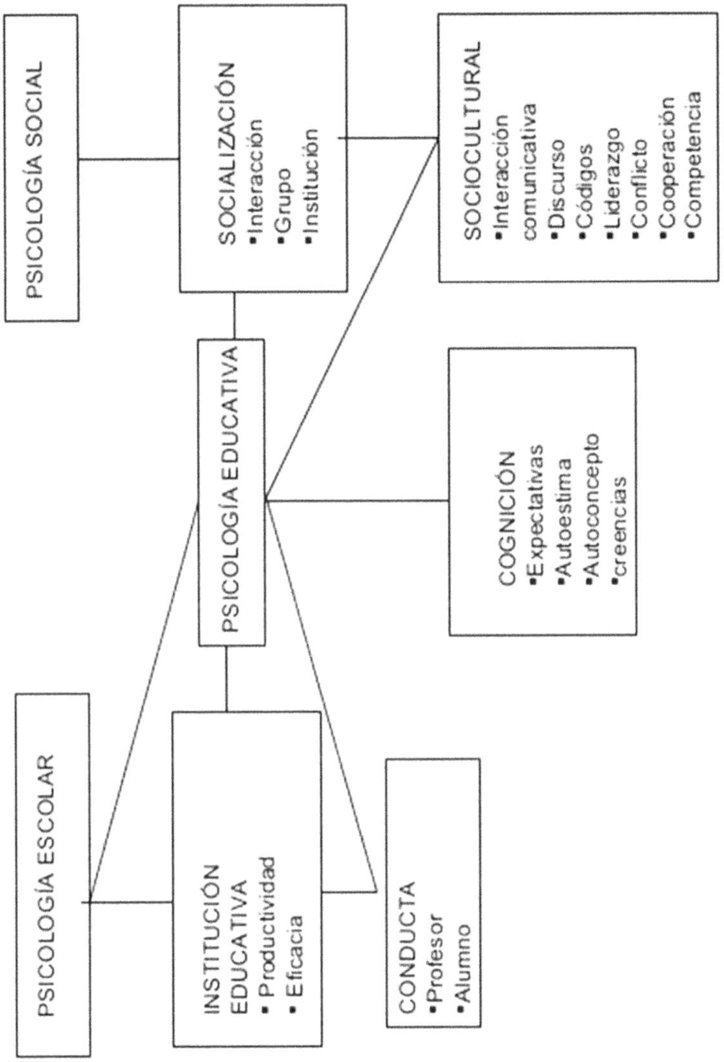

"TEORÍAS DEL APRENDIZAJE Y DE LA INTELIGENCÍA"

PRINCIPALES APORTES DE LAS TEORÍAS DEL APRENDIZAJE AL CAMPO EDUCATIVO.

PARADIGMA CONDUCTISTA

PARADIGMA COGNITIVO

PARADIGMA PSICOGENÉTICO

PARADIGMA HUMANISTA

PARADIGMA SOCIOCULTURAL

NUEVO PARADIGMA INTELIGENCIAS MÚLTIPLES

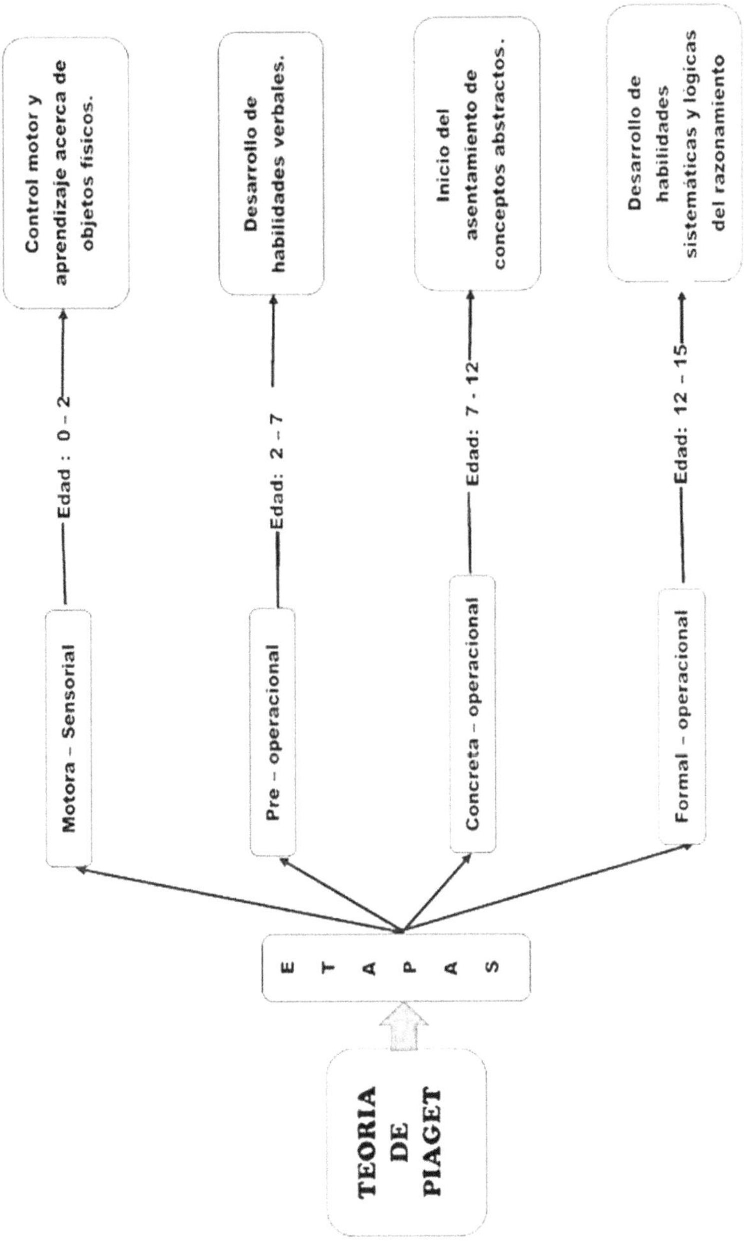

TEORIA DE PIAGET
E T A P A S
Motora – Sensorial
Edad : 0 – 2
Control motor y aprendizaje acerca de objetos físicos.
Pre – operacional
Edad: 2 – 7
Desarrollo de habilidades verbales.
Concreta – operacional
Edad: 7 - 12
Inicio del asentamiento de conceptos abstractos.
Formal – operacional
Edad: 12 – 15
Desarrollo de habilidades sistemáticas y lógicas del razonamiento

TEORIA DE LEV VIGOTSKY

ZONA DE DESARROLLO REAL

ZONA DE DESARROLLO PROXIMO

ZONA DE DESARROLLO POTENCIAL

➢ Habilidades actuales del estudiante.

➢ En proceso de formación.
➢ Aprendizaje guiado.
➢ Conocimiento socialmente compartido.

➢ Nivel de lo que se puede alcanzar con el apoyo de otro.

Teoria de Lawrence kohlberg

NIVEL PRE CONVENCIONAL .- El niño responde ante las reglas culturales de lo bueno y lo malo, lo correcto y lo incorrecto, las reglas sociales son externas.

NIVEL CONVENCIONAL.- En el nivel convencional asume la necesidad de vivir de acuerdo con normas comunes.

NIVEL POS CONVENCIONAL .- Los valores morales se conciben independientemente de los grupos sociales que los profesan. Este nivel inicia a partir de los 22-23 años de edad.

TEORIA DE LA INTELIGENCIA EMOCIONAL DE GOLEMAN

	DEFINICIÓN	**DISTINTIVOS**
AUTOCONCIENCIA	Reconoce y entiende las propias emociones, el estado de ánimo y los impulsos y su efecto en los demás.	☽ Confianza en sí mismo ☽ Autoevaluación realista ☽ Sentido del humor autocritico
AUTORREGULACIÓN	Controla y dirige impulsos y estados de ánimo. Es propensa a eliminar los juicios. Piensa antes de actuar.	☺ Confiabilidad e integridad ☺ Conformidad con la ambigüedad ☺ Apertura al cambio
MOTIVACIÒN	Pasión para trabajar por razones que van más allá del dinero y el status. Propensión a lograr metas con energía y persistencia.	☙ Fuerte impulso hacia el otro ☙ Optimismo incluso ante el fracaso ☙ Compromiso organizacional
EMPATIA	Entiende la apariencia emocional de los demás. Habilidad para tratar a las personas según sus reacciones emocionales.	✓ Capacidad para fomentar y retener el talento ✓ Sensibilidad intercultural ✓ Servicio a clientes y consumidores.
HABILIDADES SOCIALES	Pericia en el manejo y construcción de redes de relaciones. Habilidad para encontrar un espacio en común y construir simpatía.	➢ Efectividad en liderar el cambio ➢ Habilidad para persuadir ➢ Pericia en liderar y construir equipos.

Bibliografía

-Diane E.; Wendkos Olds, Sally; Duskin Feldman, Ruth (2010). Human Development.

-Smith, Edward E.; Nole-Hoeksema, Susan; Fredrickson, Barbara; Loftus, Geoffrey (2003). Introduction to Psychology.

-Real Academia Española y Asociación de Academias de la Lengua Española (2014). «Psicología». Diccionario de la lengua española.

-BBC Science | Human Body & Mind | What is Psychology?». BBC Science (en inglés).

-McLeod, Saul (2008). «Psychology as a Science». Simply Psychology (en inglés).

-Vidales, Ismael (2004). Psicología general.

-Myers, David G. (2005). Psicología.

-Gross, Richard (2010). Psychology: The Science of Mind and Behaviour.

-Cacioppo, John; Freberg, Laura (2012). Discovering Psychology: The Science of Mind.

-How does the APA define "psychology"? Asociación Estadounidense de Psicología (en inglés).

-Triglia, Adrián; Regader, Bertrand; García-Allen, Jonathan (2016). Psicológicamente hablando

-McLeod, Saul. «Psychology Perspectives». Simply Psychology (en inglés).

-Henriques, Gregg. «Psychology Defined: What, exactly, is psychology? ». Psychology Today (en inglés).

-Psychology. Online Etymology Dictionary (en inglés).

-Classics in the History of Psychology – Marko Marulic the Author of the Term "Psychology"

-Morris, Charles (1997). Introducción a la Psicología

-American Psychological Association. «What Is Exercise Psychology and Sport Psychology? ».

-Koffka, K. (1958). Principios de la psicología de la forma.

-Murphy, G. (1964). Introducción histórica a la psicología contemporánea.

-Stocker, A. (1966). Orientaciones actuales de la psicología.

-Wertheimer, M. (1923). Untersuchungen zur Lehr von Gestalt.

Wolff, Ch. Essentials of Psychology. New York.

Zunini, G. Psicologia: Scuole di psicología moderna.

Psicología Educativa

Fundamentos, estudios y métodos

Miguel D'Addario · PhD

Primera edición

Comunidad Europea

2019

9 781790 585762